LA CONFERENCE

tenuë à Hamptoncour, entre les Evesques Anglois & les Puritains, au mois de Ianuier 1603, en la presence du Roy d'Angleterre & d'Escosse.

Avec les Constitutions & Canons Ecclesiastiques.

Traictez par l'Euesque de Londres, President de la convocation pour la Province de Cantorbye, & le reste des Euesques & du Clergé de ladite Province.

Et publiez par l'autorité du Roy d'Angleterre & d'Escosse, pour la deuë observation d'iceux, sous le grand sceau d'Angleterre.

Traduit d'Anglois en François.

A LONDRES,
Par ROBERT BARKER,
Imprimeur de la tres-excellente
Majesté du Roy, l'an 1604.

LA CONFERENCE TENVE

à Hamptoncour, entre les Evesques Anglois, & les Puritains, au mois de Ianvier 1604, en la presence du Roy d'Angleterre & d'Escosse.

Recueillie par Guillaume Barloine, Docteur en Divinité, & Doyen de Cheſtre.

PREMIERE IOVRNE'E.

E jour nommé (comme chacun ſçait) par les Lettres Patentes de Sa Majeſté, fut le 12 Ianvier, auquel ſe trouverent à Hamptoncour enuiron ſur les neuf heures, tous les Eveſques & Doyens mandez, nommément l'Archeueſque de Cantorbye, les Eueſques de Londres, Durhaut, Vincheſter, Moneſter, S. Dauid, Chicheſter, Cartell, & Peterboron : les Doyens de la Chappelle de Chriſtharh, Vorceſter, Veſtimeſter, Paulescheſter, Vindſer, auec les Docteurs Fich & Ring, leſquels quoy que le ſoir precedent y euſt couru un bruit que la Conference eſtoit remiſe au 14. jugerent neantmoins eſtre de leur denoir, ſuiuant le premier commandement, de ſe preſenter au Roy, lequel leur fit entendre que le

jour

jour l'ayant trompé, il defiroit qu'ils reuinffent le Samedy fuiuant. Et ce jour tous les Doyens & Docteurs accompagnerent Meffieurs les Euef-ques jufques en la chambre de prefence. En laquelle nous trouuafmes desja venus & affis les Docteurs Renold & Sparties, & les fieurs Rieftubs & Chartedon, Agens des Puritains complaignans. Les Euefques entrans en la chambre s'y arrefterent jufques au commandement que fit faire Sa Majefté, laquelle aprés quelques careffes faites à aucuns des Seigneurs, s'affit en fa chaize aucunement efloignè du dais : Et commençant par un graue & royal difcours de fon deffein en general à conuoquer cette affemblée, dit, Que ce n'eftoit point chofe nouuelle, ains pratiquée par les Princes Chreftiens, lefquels dés leur auenement commençoient par l'eftabliffement de l'Eglife, tant en la doctrine qu'au gouuernement & police Ecclefiaftique, à quoy mefme fe rapporte le prouerbe ancien & commun des Payens, *A Ioue principium*: Particulierement en ce Royaume, le Roy Henry VIII. fur la fin de fon regne : Aprés luy le Roy Edoüard IV. qui y fit le plus grand changement : Aprés luy la Royne Marie, laquelle renuerfa tout; & puis la Royne defuncte d'heureufe memoire (jamais ce Prince n'en parle qu'auec honneur) laquelle eftablit les chofes comme elles font de prefent; en quoy il dit, Qu'il eftoit plus heureux qu'eux tous, en ce qu'eux furent contraints de changer les chofes qu'ils trouuoient eftablies, luy au contraire ne voyoit point tant fubject de changer & alterer aucune chofe, que de confirmer ce qui eftoit defia

bien

bien ordonné. Et cest estat present de l'Eglise luy
plaisoit tant, comme il disoit, qu'il se mit à loüer
Dieu, (ostant son chappeau) de l'auoir amené
en la terre de promission, en laquelle il voyoit la
religion purement exercée, en laquelle il estoit
assis parmy des gens graues, sçauans & de respect,
non point comme auparauant, Roy sans estat,
sans honneur, sans ordre, où jeunes gens sans
barbe le gourmandoient à sa barbe: Nous asseurant en outre qu'il n'auoit fait ceste assemblée
pour introduire aucune nouueauté, ains qu'il re-
connoissoit ce gouuernement Ecclesiastique tel
qu'il est à present approuué de Dieu par vne infi-
nité de Benedictions, non seulement en l'auancement de l'Euangile, mais par vne tres-heureuse &
glorieuse paix: Neantmoins d'autant que rien ne
pouuoit estre si bien ordonné, qu'il ne s'y peust
encores adjouter quelque chose, puis qu'en tous
ordres & estats aussi bien qu'au corps de l'homme
les corruptions y viennent insensiblement, soit
par le temps ou les personnes mesmes. Et puis
aussi qu'il auoit receu plusieurs plaintes depuis
son aduenement à ceste Couronne, specialement
par les dissensions en l'Eglise, de plusieurs
desordres (comme on disoit) & de beaucoup
de desobeissance aux loix; Cause que plusieurs
s'estoient reuoltez pour retourner à la Papauté:
Son dessein estoit ne plus ne moins qu'vn bon Me-
decin d'examiner & considerer ces plaintes & en
oster entierement les occasions, si elles sont trou-
uées scandaleuses, afin de les retrancher si elles
sont dangereuses: ou bien si elles ne sont friuolles,
du moins en prendre connoissance, afin de fermer
la bouche à Cerberus, pour ne plus aboyer: Ses
intentions

intentions n'eſtant de donner ſujeƈt aux eſprits faƈtieux de s'en vanter ou preualoir, & qu'à ceſte cauſe il auoit premierement fait entrer les Eueſques à part, non pour eſtre confrontez à leurs contraires, afin que s'il y a quelque choſe à reformer (ce que ſa Majeſté repeta deux ou trois fois par occaſion) on y procedaſt inſenſiblement & ſans alteration viſible.

Et cecy fut autant que je peus comprendre le ſommaire de ce diſcours general de ſa Majeſté. Et puis en particulier il leur fit entendre les raiſons principalles pour leſquelles il les auroit fait entrer ſeuls, & ſur leſquelles il deſiroit auoir leur aduis & reſolution, qu'il reduiſit à trois chefs. 1. Touchant le liure des prieres publiques & ſeruice diuin de l'Egliſe d'Angleterre 2. Touchant l'excommunication pratiquée és Cours des gens d'Egliſe. 3. Touchant l'eſtabliſſement des bons & ſçauans Miniſtres pour les Egliſes d'Irlande.

Quant au liure des Prieres, il deſira eſtre reſolu de trois choſes, premierement pour la Confirmation, puis que par le nom meſme il ſemble que le Sacrement de Bapteſme ſans icelle n'eſt accomply ny vallable, qui ſeroit vn plaſpheme meſmes pour l'vſage, ayant eſté ceſte couſtume tenuë à cauſe des enfans qu'on baptiſoit & qui reſpondoient par la bouche de leurs parrains, leſquels il eſtoit beſoin d'interroger apres eſtre venus en l'aage de diſcretion : Apres laquelle profeſſion ils eſtoient confirmez par la benediƈtion & priere de l'Eueſque, qui leur mettoit les mains ſur la teſte: Ne pouuans ſa Majeſté aprouuer l'abus de la Papauté qui en fait vn Sacrement & corroboration du Bapteſme.

L'autre

L'autre estoit touchant l'Absolution ne sça-
chant pas comme elle estoit pratiquée en vne
Eglise, bien l'auoit il ouy comparer aux pardons
du Pape. Son opinion toutesfois estoit qu'il y en
auoit de deux sortes, l'vne generalle, l'autre particuliere. Car premierement toute priere & predication, emporte vne absolution, & puis elle est
appliquée aux personnes particulierement qui
ont commis scandales & se repentent : autrement
s'il ne precedde excommunication ou penitence,
il n'y faut ja d'absolution.

La troisiesme fut le Baptesme hors l'Eglise, ou
secret, Quant au lieu, sa Majesté dit, qu'à la verité l'Eglise primitiue en auoit souuent ainsi vsé :
Mais quant aux personnes il ne trouuoit aucunement bon que autre entreprinst de baptiser
que le Ministre legitimement ordonné en quelque lieu que ce fust, & icy sa Majesté se monstre
formalizer du Baptesme administré par les femmes & par les lais.

Le second chef fut l'excommunication en laquelle il desiroit que l'on consideraft deux choses, la matiere & la personne. Pour la matiere premierement si elle estoit pratiquée comme on disoit pour legeres causes, puis si elle n'estoit point
pratiquée trop souuent pour les personnes. Premierement pourquoy les lays (comme sont les
Chanceliers & Commissaires) excercent ceste
jurisdiction. En second lieu, pourquoy les Euefques afin d'authoriser d'auantage vne si grande
& importante censure, ne se font assister des Doy-
yens ou Chappitres ou autres Ministres & Chap-
pelains gens de sçauoir & de grauité, & de mefmes aux autres censures, ou à conferer les ordres.

Et

Et le dernier chef touchant Irlande, sa Majesté le remit au dernier jour de la Conference, ainsi que vous verrez cy apres.

Sa Majesté, (laquelle à la verité se sert de cousteau pour coupper court vn si admirable discours, ainsi que faisoit Pochion à Demosthene) ayant finy, Monsieur l'Archeuesque, apres auoir à genoux dict, Combien tout ce pays estoit tenu à Dieu de nous auoir donné vn Roy si sage, si sçauant & judicieux, adressa son propos à sa Majesté pour mieux l'informer de tous les points en particulier.

Et premierement quant à la confirmation, il declara bien amplement l'ancienneté d'icelle, pour auoir esté pratiquée en l'Eglise Catholique tousiours depuis le temps des Apostres jusques à ce que de nostre temps aucunes Eglises particulieres l'auoient rejetté inconsiderément. Puis declara le droit vsage d'icelle, conformément à ce que sa Majesté en venoit de dire, affermant que c'estoit vne pure calomnie, & fausse sugestion, si aucun auoit voulu faire entendre à sa Majesté que l'Eglise Anglicane tenoit ou enseignoit que le Baptesme sans la confirmation fust imparfaict, ou quelle adjoustast chose aucune à la vertu & force d'iceluy, ce qu'il veriffia par les titres & rubriques mesmes des liures des prieres publiques, au dessus du chappitre de Confirmation, qui furent leuës sur le champ.

L'Euesque de Londres suiuit, disant, que l'auctorité de la Confirmation ne dependoit pas seullement de l'antiquité ou pratique de la primitiue Eglise, d'où il monstra la preuue en saint Cyprian chap. 73. & en S. Hierosme contre les Luciferiens,

riens, ains que c'estoit vne institution Apostoli-
que, & l'vn des articles particuliers du Catechime
des Apostres couché & mentionné en texte ex-
pres en l'Epistre aux Hebr. 6. 2. Et que Caluin
auoit ainsi exposé ce passage, desirant de tout son
cœur la restitution d'icelle aux Eglises reformées,
esquelles on l'auoit retranchée. Et à ce mesme
passage insista aussi l'Euesque de Cartell, & grauement & doctement. Lors sa Majesté demanda
la Bible, leut le passage aux Hebrieux, & en ap-
prouua l'exposition.

Aussi l'Euesque de Durhault remarqua quelque
chose de l'Euangile S. Mathieu pour l'imposition
des mains sur les enfans. La conclusion fut, que
pour plus claire exposition, & afin que nous n'en
fassions point vn Sacrement, ou vne corroboration d'un Sacrement precedant, les Euesques ad-
uiseroient entr'eux si sans alteration laquelle sa
Majesté fuyoit au possible, on deuoit mettre au
titre l'examen auec la confirmation.

Suiuant l'article de l'absolution, que ledit Sieur
Archeuesque repeta estre sans abus & superstition, ainsi qu'il est pratiqué en l'Eglise d'Angleterre, lisant deuant sa Majesté la confession qui
est au commencement dudit liure des prieres publiques, & l'absolution qui suit apres en laquelle,
dit-il, le Ministre ne prononce autre chose qu'vn
pardon en general: ce que sa Majesté ayant veu
les deux lignes dudit liure, & les ayans approuuez, trouua vray ce que le sieur Archeuesque
auoit dit. Mais l'Euesque de Londres s'auançant,
il dit, il faut que nous en parlions franchement
à la Majesté. Il y a (dit il) aussi au mesme liure
vne autre plus particuliere forme, & comme per-
sonnelle d'absolution, dont l'on vse en la visita-

tion des malades, laquelle le Roy voulut pareillement voir, & pendant que le Doyen de la
Chappelle tournoit les feuillets, ledit Archeuefque adjousta, que non seulement les Confessions
d'Ausbourg, Boheme & Saxe, qu'il representa
sur le champ, la retiennent & obseruent, mais aussi
que Caluin luy-mesme approuue ceste generale
forme de Confession & absolution pratiquée en
l'Eglise d'Angleterre, & quand & quand il approuue celles qui sont priuées & particulieres,
car ainsi les appelle il: Et ceste absolution priuée
estant leuë audit liure, sa Majesté en demeura
fort satisfaicte, adjoustant qu'elle estoit Aposto-
lique, & vne fort bonne institution, en ce qu'elle
estoit donnée au nom de Iesus Christ à celuy qui
la desiroit, & pour la descharge de sa conscience.

La conclusion fut, qu'il seroit traité plus amplement par les Euesques, si à la rubrique intitu-
lée de l'absolution generalle, ces mots remission
des pechez pourroient estre adjoustez pour plus
grand esclarcissement.

Au troisiesme chef le Sieur Archeuesque se mit
à parler du Baptesme priué, faisant voir à sa Majesté que l'administration du Baptesme par les
femmes & les lais n'estoit point receue en la pratique de l'Eglise; Mais que les Euesques en leurs
administrations les recherchoient & censuroient,
joinct que les paroles du liure ne semblent point
qu'on la doiue receuoir. A quoy le Roy repartit
repetant & pressant lesdictes parolles, Que du
moins elles sembloient inferer vne permission &
souffrance ausdites femmes & autres personnes
priuées de baptiser. Lors l'Euesque de Vorcester
prenant la parolle, dit, que veritablement les
parolles estoient douteuses & pourroient estre interpretées

terpretées en ce sens, neantmoins que par vne
pratique toute contraire de ceste Eglise, (laquelle censure les femmes en ce subject) apparoissoit
que les compilateurs dudict liure, ne les y ont
mises à ceste intention, & neantmoins les ont
touchées ambiguement, parce que parauenture
le liure n'eust esté receu au Parlement en conje-
cture, dequoy il allega en tesmoignage l'aduis de
l'Archeuesque d'York: A quoy l'Euesque de Londres repliqua, que ces doctes & venerables hommes qui dresserent ledict liure des prieres publiques n'auoient point dessein pour mots ambigus
de tromper personne: ains qu'en effect par ces
parolles il est entendu donner permission aux
particuliers de baptizer en cas de necessité, dequoy leurs liures faisoient foy, desquels il leur
lors la partie. Et par mesme moyen fit entendre
que cela estoit conforme à la pratique de l'Eglise
ancienne, alleguant à ce propos les passages des
Actes 2. auquel 3000. personnes furent baptisez
en vn jour : ce qui n'eust peu estre fait par les
Apostres seuls, du moins estoit il malaisé de le
prouuer: & outre les Apostres n'y auoit lors aucuns Euesques ny Prestres. Ioint l'authorité de
Tertulian & de S. Ambroise sur le 4 des Ephes.
toute manifeste pour cela, où ils font voir l'ab-
surdité, & impieté de ceux qui cuident qu'il n'y a
nulle necessité au Baptesme: lequel mot de necessité, ils ne mettoient en auant, comme si Dieu
sans le Baptesme ne pouuoit sauuer l'enfant: mais
que le cas se posoit ainsi, Que puis que l'estat de
l'enfant mourant sans Baptesme, reste douteux &
incertain, du moins connu à Dieu seul: là où que
s'il meurt apres le Baptesme il y a asseurance toute euidente de son salut: Qui est celuy qui ayant

 quelque

quelque brin de Religion, ne voudroit promptement par tous moyens pouruoir à ce que son enfant soit baptisé, & asseurer son action pluftoft sur les promesses de Iesus Chrift, que l'omission d'icelle sur le secret Iugement de Dieu.

Sa Majesté repliqua premiefement sur ce passage des Actes, & que ce fut vn fait extraordinaire, & que ce n'est bien argumenter des choses faictes auant l'establissement de l'Eglise, à celles qui se doiuent faire apres qu'elle est establie & florissante, que luy aussi souftient la necessité du Baptesme, & auoit tousiours jugé que le lieu en S. Iean, *Nisi quis renatus fuerit ex aqua &c.* se deuoit entendre du Sacrement de Baptesme, & qu'il l'auoit ainsi souttenu contre quelques Ministres d'Escosse. Et croy Messieurs, dit sa Majesté, que vous trouuerez estrange que moy qui croy maintenant que vous autres en Angleterre deferez trop à ce Sacrement de Baptesme, quatorze mois auparauant disputay en Escosse, contre mes Theologiens, de ce qu'ils ne faisoient assez de cas de ce Sacrement, de sorte qu'vn certain Ministre me demanda si je jugeois le Baptesme si necessaire, que s'il estoit obmis, l'enfant fust damné; je luy respondis que non: Mais si vous, luy dis-je, estiez appellé pour baptiser l'enfant, estant en peine, & eussiez refuzé de venir, je croirois que vous seriez damné vous mesmes.

Mais ceste necessité de Baptesme fut ainsi exposée par sa Majesté, qu'il estoit necessaire voirement en lieux où legitimement il se pouuoit auoir, c'est à dire, administré par les pasteurs legitimes, par lesquels seuls & non par personnes priuées il croyoit le Baptesme deuoir estre administré: & neantmoins rejettoit entierement toute

rebaptization,

rebaptization, foit que femmes ou perfonnes laiques euſſent baptiſé.

Icy l'Eueſque de Vincheſter dit doctement & ſerieuſement, Que empeſcher les particuliers en cas de neceſſité de Baptiſer, eſtoit renuerſer toute l'antiquité, puis que ç'a eſté l'ancienne & commune vſance de l'Egliſe, lors qu'on ne pouuoit auoir des Miniſtres, joinct que c'eſtoit vne regle arreſtée entre les Theologiens, que le Miniſtre n'eſt pas de l'eſſence du Sacrement, ſi eſt il de l'eſſence du droit & legitime miniſtere du Sacrement; ſa Majeſté prenant pour fondement la commiſſion de noſtre Seigneur à ſes Diſciples. Math. 28. 20. *Allez preſchez, & baptiſez.*

L'iſſuë fut d'auiſer ſi à la rubrique du Bapteſme priué qui laiſſe le Bapteſme indifferent à tous Lais ou Clergé, ces mots (Curé, ou Paſteur legitime) ne pourroient pas eſtre inſerez, ce qui ne fut beaucoup contredit par les Eueſques, & ainſi ſa Majeſté paſſa à l'autre poinct touchant l'excommunication en choſe de peu d'importance. Premierement. ſi le nom ne pourroit pas eſtre changé, & la cenſure retenuë: ou bien; ſi au lieu d'icelle vne autre punition equiualente à icelle ne pourroit eſtre trouuée; Choſe bien toſt accordée de chacun, parce qu'elle auoit eſté ſi long temps & ſouuent deſirée: mais n'auoit peu eſtre obtenuë de la feuë Royne, laquelle s'eſtoit reſoluë d'eſtre *ſemper eadem*, & ne reſchanger de ce qu'vne fois elle auoit ordonné.

Et eſtant le jour du Mercredy enſuiuant nommé pour apporter leurs reſolutions ſur les difficultez, & le Lundy d'apres aux oppoſans pour preſenter leurs plaintes, nous fuſmes renuoyez apres auoir employé plus de trois heures en ceſte

ste conference, laquelle nous dura peu, tant sa Majesté traicta excellemment tous ces poincts, s'y faisant admirer en son sçauoir, son parler, & son jugement, nous renuoyant non seullement auec contentement, mais auec estonnement, & qui pis est, ce direz vous, auec honte à nous tous, qu'vn Roy esleué parmy des Puritains, non les plus sçauans hommes du monde, ait appris en leur escole, Roy d'vn Royaume plein d'affaires & de troubles, luy-mesme naturellement addonné à beaucoup d'exercices & desbattemens; se faisoit paroistre és points de Theologie si prompt & accomply, que les plus doctes & habiles de ceux qui estoient là presens ne se pouuoient esgaler à luy. Mais ie ne puis oublier vne chose, que sa Maiesté nous asseura, quoy qu'elle eust vescu parmy les Puritains & en leur tutelle la pluspart du temps; si est-ce que depuis dix ans, qui estoit l'aage de son fils, leurs opinions luy auoient tousiours despleu, ainsi que le Sauueur du monde disoit, *Quoy qu'il fust parmy eux, il n'estoit pas d'auec eux.*

SECONDE IOVRNEE
de la Conference.

LE Lundy 16. de Ianuier entre onze & douze les quatre Complaignans furent mandez en la Chambre priuée, en laquelle estoient ja arriuez les Euesques de Londres & de Vinchester, & apres y vindrent tous les Doyens, & Docteurs, qui en auoient eu le commandement. Monsieur Patrice Valloiray, autrefois Ministre de Parth en Escosse y fut pareillement admis: Sa Majesté entrant en la Chambre s'aſſit auſſi toſt en la chaiſe placée comme le premier jour: le ieune Prince s'aſſit pres de luy ſur vn eſcabeau: puis ayant briefuement & de bonne grace diſcouru, ainſi que le premier iour ſur le ſubiet & lieu de ceſte Conference, digne d'eſtre tenuë par vn Roy à ſon aduenement, non point certes pour rien innouer au gouuernement qu'il y trouuoit eſtably, & qu'il reconnoiſſoit par longue experience accompagné de ſi ſingulieres benedictions de Dieu l'eſpace de 45 ans que nulle Egliſe ſur la face de la terre n'eſtoit plus floriſſante que celle cy d'Angleterre: Ains premierement, pour eſtablir vn ordre vniforme en toute icelle Egliſe. En ſecond lieu, pour auec ceſte vnion ſuprimer la Papauté & tous les ennemis de noſtre Religion. Tiercement pour corriger les abus auſſi naturels aux corps politiques, & aux hommes, comme eſt l'ombre au corps; & y eſtant vne fois entrez, y continuë ne plus ny moins que le tournoyement d'vne rouë apres qu'elle a ſon premier mouuement. Et d'autant que pluſieurs plaintes faſcheuſes luy auoient eſté faites depuis ſon aduenement à ceſte couronne, il a iugé eſtre à propos de mander ceux d'entreux qu'il auoit entédu eſtre les plus graues, doctes & modeſtes du party Complaignant, leſquels eſtans là preſens, il eſtoit maintenant content de les ouyr en leurs plaintes d'objections: & ainſi leur commanda de communiquer. Et ſur ce eux quatre ſe mirét ſur vn genouïl, Puis le Docteur Renold, comme le guide, commença auec vne congratulation à ſa Maieſté de les auoir mandez à cet effect, en vertu duquel ils eſtoient comparus, & reduiſit tous les poincts controuerſez en ces quatre, diſant,

1. Que la doctrine de l'Eglise fust confirmée en la pureté suivant la parole de Dieu.

2. Que bons Pasteurs fussent establis en toutes les Eglises pour prescher.

3. Que le gouuernement de l'Eglise fust sincerement administré conformément à la parole de Dieu.

4. Que le liure des prieres publiques fust corrigé & accommodé à l'auancement de la pieté.

Pour le premier il supplia sa Majesté que le liure des articles de la religion arresté en 1562. fust éclaircy en quelques lieux obscurs, & augmenté és endroits defectueux. Pour exemple, l'art. 16. les paroles sont telles, *Aprés que nous avons receu le Saint Esprit, nous pouvons nous départir de la grace:* Car ores que le sens soit bon, si est-ce qu'il desire qu'ainsi soit, parce qu'ils semblent estre contraires à la doctrine de la predestination & ellection de Dieu. Au 17 article, que ces mots puissent estre exposez par cette ou semblable addition, *toutesfois, finalement, infinablement.* Et aussi que les neuf assertions Orthodoxes, (comme il les appelloit) qui furent resoluës à Limbeth, fussent inserées au susdit liure des articles.

Secondement qu'il est dit au 23 art. *Qu'il n'est pas loisible à aucuns d'entreprendre la charge de prescher ou administrer le Sacrement en la congregation, s'il n'est legitimement appellé* Le D. Regnold disoit que ces mots *en la congregation* emportoient permission à qui que ce fust, hors la congregation, de prescher & administrer les Sacremens, quoy qu'il n'y eust vocation legitime.

Tiercement au 21 art. ces mots touchent, *La confirmation venuë en partie de la corruption qui a suivy les Apostres leur estant opposez* : qui sont en la

collecte

collecte de la Confirmation au liure des prieres pu-
bubliques, suiuant l'exemple des Apostres, empor-
tant contrarieté, les premiers avoüans la Confirmation estre une imitation corrompuë des Apostres, &
les autres la disant estre fondée sur leur exemple, art.
9. & 19. comme si l'Evesque en confirmant l'enfant
par l'imposition des mains, ainsi que les Apostres,
donnast les graces visibles du S. Esprit. Et pourtant
desiroit que cette contradiction fust consideree, & ce
fondement de confirmation mieux examiné.

Ce que le Docteur Regnold dit sans interruption,
jusques à ce que l'Euesque de Londres, fasché de
voir ces gens, qui le soir precedent, & ce mesme ma-
tin auoient fait mine de se joindre aux Euesques : disant ne chercher que la paix, essayoient maintenant
de renuerser s'ils pouuoient tout à la fois, rompit son
propos, & s'agenoüillant supplia tres-humblement
sa Majesté, premierement, Qu'on se souuint du Canon ancien qui dit, *Schismatici contra Episcopos non
sunt audiendi.* Secondement si aucun d'eux estoit du
nombre des mille Ministres qui autrefois auoient
signé le liure des prieres publiques, & neantmoins
auoient de n'agueres presenté requeste à sa Majesté à
l'encontre, qu'il fust d'auis d'estre rejetté & ren-
uoyé, sans estre ouy ; conformément au decret d'un
fort ancien Concile, qu'aucunement il ne fust receu
à parler contre ce qu'il auoit une fois signé. Tiercement il ramenteut au Docteur Regnold, & à ses
associez, combien ils estoient obligez à l'extréme
bonté de sa Majesté, qui leur permettoit de parler
contre la Liturgie & discipline establie au premier
an du regne d'Elizabeth. Finalement, parce qu'il
les voyoit tendre par leurs discours en la subuersion
totalle des ordres de l'Eglise, qui ont continué si longuement, il desiroit de sçauoir quel estoit leur but,

C   allegant

allegant un passage de Carerought, qui assuroit, Que nous deuons plustost nous conformer en l'ordre & ceremonies à la façon des Turcs, que à celle des Papistes : Laquelle doctrine ils sembloient voirement approuuer, d'autant que contre les Statuts des Vniuersitez, ils compararent deuant sa Majesté en robes Turquesques, & non en leurs habits Scholastiques & sortables à leur degré & profession.

Sa Majesté remarquant l'Euesque de Londres parler auec un peu de passion, dit, qu'en cela il y avoit chose qui se pouuoit excuser, & chose qui ne se pouuoit approuuer : qu'il pouuoit excuser cette colere, le croyant auoir juste cause de se fascher, tant parce qu'ils blasmoient le gouuernement present de l'Eglise d'Angleterre si bien estably, & de ce qu'ils y procedoient d'une façon contraire à leur intention propre & de cette Assemblée. Mais il ne trouuoit pas bon, que ledit Euesque eust soudainement interrompu le Docteur Regnold, lequel il deuoit auoir laissé discourir auec toute liberté : concluant sa Majesté qu'il n'y a aucun ordre, & n'y peut auoir aucun effet & bonne issuë d'une dispute, si les deux parties n'ont liberté de parler à leur aise ; & pourtant desiroit, que ou les Docteurs continuassent, ou bien que l'Euesque fit réponse aux poincts qui ja auoient esté proposez; encore dit sadite Majesté, qu'aucuns soient peu considerables. Il fut donc trouvé plus à propos de répondre, de peur que les objections croissant és réponses, y eust eu de la confusion.

Au premier doute, touchant la cheute de la grace, l'Euesque de Londres prit occasion de faire entendre à sa Majesté comme plusieurs en ce Siecle negligeans une sainteté de vie, presumoient trop de demeurer en grace, & mettoient toute leur Religion en la predestination, *si je doy estre sauvé je seray sauvé*, qu'il

appelloit, une doctrine deſeſperée : & vouloit verifier eſtre une mauuaiſe Theologie, diſant que la
vraye doctrine de la Predeſtination eſtoit *aſcendendo
quàm deſcendendo*, en cette maniere, *Ie vis en l'obeïſſance de Dieu, en amour avec mon prochain, Ie ſuy ma vocation, &c. Partant je croy que Dieu m'a predeſtiné à ſalut.*
Non pas ainſi comme on a accouſtumé d'argumenter ; *Dieu m'a predeſtiné & choiſi à ſalut, partant quoy
que je peche enormément je ne ſeray pas damné*, parce
que celuy qu'il a une fois aimé, il l'aime iuſqu'au
boût ; & ſur ce declara à ſa Majeſté par l'article prochain, quelle eſtoit la doctrine de l'Egliſe d'Angleterre touchant la predeſtination, au dernier paragraphe, en ces mots, *Nous receuons les promeſſes de Dieu
en telle ſorte comme elles nous ſont generallement propo-
ſées en l'Eſcriture Sainte, & en nos actions, celle volonté
de Dieu doit eſtre ſuiuie, qui nous eſt expreſſement decla-
rée en la parole de Dieu.* Ce que ſa Majeſté trouua fort
bon, & aprés auoir excellemment diſcouru ſur ce paſſage de S. Paul, *Operez voſtre ſalut, auec crainte &
tremblement*, il les pria de conſiderer s'il ſeroit point à
propos d'ajouſter quelque choſe pour l'éclairciſſe-
ment du doute du Docteur Regnold, en y mettant
le mot *ſouuent* ou autre ſemblable, *Nous pouvons
ſouuent nous départir de la grace* ; Et ce pendant
deſiroit qu'on traitaſt cette matiere de la predeſtination fort retenuëment, & auec beaucoup de diſcretion, de peur que d'une part la toute-puiſſance de Dieu
ne fuſt reuoquée en doute, en empeſchant la doctrine
de ſa Predeſtination eternelle : Et d'autre-part, on
ne tombaſt en une preſumption trop audacieuſe en
inferant une certitude neceſſaire de demeurer & per-
ſiſter en grace.

Au ſecond fut répondu, Que c'eſtoit une obiectu-
re friuole, d'autant que par la doctrine & pratique

de l'Eglise Anglicane nul ne pouuoit prescher ou administrer en public ou en priué le Sacrement de l'Euchariftie sinon un Ministre esleu & ordonné. Et quant au Baptesme particulier, Sa Maiesté répondit qu'Elle auoit ia pris ordre auec les Euesques pour y remedier.

Au troisiéme point touchant la Confirmation, fut remarquée ou une curiosité, ou une pure malice ; car l'article qui fut là leu sur le champ, en ces mots, *Ces cinq communement appellez Sacremens, c'est à dire Confirmation, Penitence, Ordres &c. ne doiuent estre tenus pour Sacremens de l'Euangile, estans plustoft procedez de la corruption qui a suiuy les Apostres &c.* signifiant que c'est une imitation déprauée de faire la Confirmation un Sacrement : Mais le liure des prieres publiques visant au droit usage, & à la vraye source d'icelle, le dit estre institution à l'exemple des Apostres : Ce que Sa Maiesté se faisant lire les deux lieux, conclud que cette obiection n'estoit qu'une pure cauillation : & cecy fut dit sur cette pretenduë contradiction.

Maintenant pour le fondement d'icelle, l'Euesque de Londres aiousta, qu'elle n'estoit point tant fondée sur le passage des Actes des Apostres qu'aucuns des Peres auoient souuent allegué, mais bien sur l'Epistre aux Heb. 6. 2. là où il est dit, Que c'est vne partie du Catechime des Apostres, ainsi qu'il auroit desia esté dit le premier jour: Et qu'outre que c'estoit l'opinion des S. Peres, c'estoit encore celle de Caluin, & du Docteur Fulke, sur ledit passage aux Heb. comme des Samedy il auoit esté dit: & l'autre, sur le 27 vers. des Act. chap. 8. S. Augustin dit, Que nous en rejettions autrement cette ceremonie ancienne de l'imposition des mains pour fortifier & confirmer ceux qui ont esté baptisez, ains la pratiquons nous mesmes,

n'estant

n'eſtant rien autre choſe, comme dit ledict S. Auguſ-
ſtin, qu'une ceremonie pour eſtre fortifié par le S.
Eſprit, ou pour receuoir accroiſſement des dons du
S. Eſprit, comme dit S. Ambroiſe. Et peu apres faict
alluſion ſur ledict paſſage aux Heb. 6. 2. Et cecy n'a
pas beſoin de grande preuue, dit l'Eueſque en conti-
nuant, ne croyant pas que ceux qui auoient fait cette
objection fuſſent d'opinion que la Confirmation
eſtoit à rejetter: Mais ce qu'il les faſchoit eſt, qu'ils
n'ont pas en leurs mains l'vſage d'icelle, aſſauoir chacun Paſteur en ſa Parroiſſe de confirmer, autrement
ils la tiendroient eux meſmes pour vne inſtitution
Apoſtolique: Et ſur ce pria le Docteur Regnold de
dire ce qu'il en penſoit, lequel ſembla s'y accorder,
adjouſtant que à la verité il y auoit tel Dioceſe d'vn
Eueſque, auquel y auoit 600. Parroiſſes. En quoy
l'Eueſque de Londres ſe ſentir piqué, d'autant qu'il
y a pareil nombre ou enuiron de Parroiſſes en ſon
Dioceſe, & que c'eſtoit choſe mal propre de commettre la Confirmation, à l'Eueſque ſeul, eſtant impoſſi-
ble, dit il, qu'il puiſſe deuëment examiner tous ceux
qui venoient pour eſtre confirmés, à quoy l'Eueſque
de Londres repliqua, afin meſme d'en mieux informer ſa Majeſté, Que les Eueſques en leurs viſitations
font ſçauoir à ceux qui veulent eux meſmes ou deſi-
rent leurs enfans eſtre confirmez & volontiers n'en
confirment point que par le teſmoignage ou raport
des Curez ou Vicaires où les enfans ont eſté nés &
eſleuez: & quant à l'opinion, il repliqua qu'aucuns
des Peres n'auoient onques admis autres pour confirmer que les Eueſques: voire meſmes S. Hieroſme,
quoy qu'il ne fuſt autrement amy des Eueſques, à
raiſon d'vne diſpute entre l'Eueſque de Hieruſalem
& luy, ſi confeſſe il, Que l'exercice d'icelle appartient à l'Eueſque ſeul *ad honoram potius ſacerdotij, quam*

ad

ad legis necessitatem: Dequoy, nommement de ceste prerogatiue d'Euesque, il rend ceste raison *Ecclesiæ salus in summi sacerdotis dignitate pendet, cui si non excellens quadam & hominib eminens detur potestas: tot in ecclesiis efficietur schismata quot sacerdotes.* Apres l'Euesque de Vinchester deffia le Docteur Regnold, desirant que par son sçauoir il fit voir si iamais en l'Eglise ancienne la Confirmation auoit esté pratiquée par autres que par les Euesques: adjoustant qu'elle estoit vsitée en partie pour les enfans, apres cet examen par l'imposition des mains (qui estoit une ceremonie de benediction parmy les Iuifs) les benir & prier sur eux; en partie aussi pour sçauoir s'ils auoient esté baptisez en la droite forme ou non: Car au temps passé le Baptesme estoit administré en diuerses sortes: Aucuns le donnoient, *In nomine Patris & filij &c.* autres *In nomine Patri majoris, & Filij minoris,* comme les Arrians, autres *In nomine Patris & Filij & Spiritu Sancto,* autres *non au nom de la Trinité, ains de la mort de Christ. &c.* au moyen dequoy les Euesques Catholiques estoient contraints d'interroger ceux qui estoient baptisez *in remotis locis,* comment ils estoient enseignez de croire touchant le Baptesme: si bien, de les confirmer; si mal, de les instruire.

Sa Majesté conclud ce point, premierement en taxant S. Hierosme de son assertion, qu'vn Euesque n'estoit pas *diuinæ ordinationis,* surquoy l'Euesque de Londres s'aduança disant, Que s'il ne pouuoit verifier par l'escriture, sa diuine ordination, Il ne voudroit plus estre Euesque dans quatre heures, laquelle opinion sa Majesté sembla ne gouster pas approuuant leur vocation & l'vsage d'iceux en l'Eglise concluant ce propos, par vn chef aphorisme, *Point d'Euesque point de Roy.* Secondement pour la confirmation sa Majesté jugea qu'il ne conuenoit ny à l'authorité, ny
à la

à la dignité d'icelle, que chacun Pasteur ordinaire s'entremist de la faire, & pourtant dit, Que quant à luy il ne vouloit pas oster aux Euesques ce dont ils auoient tant jouy & possedé, voyant autant de raison, Que nul ne confirmast sans la licence de l'Euesque, comme nul ne doit prescher sans son congé. Et ainsi se remettant à eux comme le jour precedent d'adjouster ce mot *examen* à la rubrique du tiltre de Confirmation, au lieu des prieres publiques s'ils le trouuoient bon: sa Majesté commanda au docteur Regnold de continuer.

Lequel apres s'estre excusé de l'imputation de schisme, auec protestation qu'il n'entendoit taxer aucun, passant au 27 art. où il dit que ces mots, *l'Euesque de Rome n'a nulle auctorité en ce pays*, ne suffisoient, si on n'y adjoustoit, *& ne doit auoir*. A quoy sa Maiesté se prit à rire de bon cœur, de mesme les Seigneurs, adioustant sa Maiesté une responce que les Rhetoriciens appellēt ἐρώτημα ἐλεγχικὸν, A quel propos parlez vous icy du Pape *habemus jure quod habemus* ? & pourtant quand on dit *il n'a pas* il est assez euident *qu'il n'en doit auoir aucune*: Ces doutes sembloient fort inutiles & friuoles au Roy & aux Seigneurs, partant ils prirent occasion de ramenteuoir la description que Buther de Cambrige faisoit d'vn Puritain, assauoir, *Qu'un Puritain est vn protestant sans cervelle*. Mais l'Euesque representa à sa Majesté le propos que tint l'Ambassadeur du Roy de France Monsieur de Rosny touchant nostre Eglise d'Angleterre, premierement à Cantorbye lors qu'il y arriua, & depuis à la Cour, comme il vit la solemnité, & les ceremonies, Que si les Eglises de France eussent retenu le mesme ordre parmy eux que nous auons icy, il s'asseuroit qu'il y auroit plusieurs milliers de Protestans qu'il n'y en a maintenant: & neantmoins nos gens choppent & s'ahurtent

à ces

à ces petits fatras pour troubler & difgracier l'Eglife
d'Angleterre.

Apres cecy le Docteur Regnold pourfuiuit, difant,
Que cette propofition, *l'intention du Miniftre n'eft pas
l'effence du Sacrement,* pourroit eftre adiouftée au liure
des articles, de tant plus que aucuns en Angleterre
auoient prefché qu'elle eftoit effentielle,& y ramenteut les neuf affertions orthodoxes qui furent refo-
lues à Limbeth. Sa Maiefté dict que la premiere partie de ce propos contenoit deux raifons, la premiere,
parce qu'il ne trouuoit point à propos de fourrer dans
le liure toutes ces pofitions negatiues, qui feroit
groffir le volume à l'efgal de la Bible, & apporteroit
de la confufion au certain, amenant pour exemple le
procedé d'vn nommé Craig en cas pareil en Efcoffe,
auec fon *ie renonce j'haborre,* qu'il redit auec fes dete-
ftations & renoncemens eftonnant le fimple peuple,
qui n'eftant capable de comprendre, plufieurs quit-
terent tout là, & fe retournerent à la Papauté, & les
autres demeurerét en leur ignorance premiere:Voire
dit fa Maiefté, fi i'euffe efté aftreint à fon formulaire,
ma confeffion de foy en euft efté pluftoft en mes ta-
blettes que en ma memoire: toutesfois puis que vous
parlez d'intentions, dit fa Maiefté, ie l'appliqueray:
auffi fi vous venez icy auec vne bonne intention
d'eftre inftruit & fatisfait. Si vous y auez de la raifon
l'œuure viendra à bonne fin: Mais fi voftre intention
eft de vous en retoutner comme vous eftes venu,
quelque chofe qu'on en die, il fe connoiftra que l'intention eft materielle & effentielle à l'effect de l'a-
ction prefente.

Quant à l'autre partie des neuf affertions: fa Maiefté n'y put répondre fur le champ, d'autant qu'elle
n'entendoit pas ce que le Docteur vouloit dire par
fes affertions ou propofitions de Limbeth. Mais
quand

quand elle fuft informée qu'à raifon de certaines controuerfes veuës à Cambrige fur certains points de Theologie, l'Archeuefque affembla quelques Theologiens des plus capables de mettre par efcrit leurs opinions, qu'ils coucherent en neuf affertions, & ainfi les renuoya à l'vniuerfité pour appaifer leurs differends, fa Maiefté donc refpondit premierement, Que quand telles queftions arriueront entre gens de lettres, la meilleure procedure feroit de la decider és vniuerfitez, & non de remplir le liure de toutes conclufions de Theologie: Et fecondement le meilleur feroit de preuenir ceux qui introduifent fauffes doctrines quand l'occafion s'en prefente, car bien que les articles foient en nombre & orthodoxes, qui peut preuenir les mauuaifes opinions des hommes, fi premierement elles font entenduës.

Sur ce le Doyen de Paule s'agenoüillant humblement demanda congé de parler, faifant entendre à fa Majefté que ce propos le touchoit particulierement, à caufe d'vne difpute entre luy & vn autre de Cambrige, fur quelques propofitions qu'il luy en auoit faites nouuellement, que quiconque (quoy que juftifié auparauant) commettoit peché énorme, comme adultere, meurtre, trahifon, ou chofe femblable, il deuient *ipfo facto*, coulpaple de l'ire de Dieu, & merite damnation, ou bien eft en eftat de damnation, quant au prefent falut jufqu'à fa repentance: Adiouftant que ceux qui font appellez & iuftifiez felon le propos de l'election de Dieu quoy qu'ils pourroyent tomber & tombent quelque fois en de tres griefs pechez, & par confequent au prefent eftat de damnation & courroux, que neantmoins ne déchéent point totalement des graces de Dieu pour eftre entierement deftituez de toutes les parties & chacune d'icelles, ny finalement de la iuftification, ains font renouuelez auec le temps par l'Esprit de Dieu en vne foy viue & repentance: & ainsi iustifiés de leurs pechez & de l'indignation, malediction & condamnation qui y est attaché, en quoy ils estoient tombez, & eussent demeuré sans vne vraye repentance de leurs pechez.

Côtre laquelle doctrine il dit, qu'aucuns auoient côtredit, enseignans que tous ceux qui estoient vne fois iustifiez, quoy qu'apres ils tombassent en des pechez bien enormes, neantmoins demeuroient touiours iustes & en iustification, auant mesmes que de s'estre repentis de leurs pechez: voire quand mesmes ils ne s'en feroient point repentis par oubliance & mort soudaine, ils feroient neantmoins iustifiez & sauuez par repentance: Pour monstrer que cette doctrine desplaisoit fort à sa Maiesté, elle entra en vn plus grand discours de la predestination & reprobation, & de la necessaire coniouction de la repentance & saincteté de vie pour la vraye foy, concluans que c'est hypocrisie, & non une vraye foy iustificatiue qui est separée d'icelle. Car bien que la predestination & l'election ne despendent d'aucunes qualitez, actions ou faicts des hommes qui sont inuincibles, ains de l'Eternel & inuincible decret & conseil de Dieu, si est-ce qu'il y a necessité de la repentance telle, aprés auoir commis le péché, que sans cela il n'y peut auoir reconciliation auec Dieu ou remission de ses pechez.

Apres cecy le Docteur Regnold fit plainte, que le Catechisme, au liure des prieres communes estoit trop brief, à cause dequoy y en eut vn adiousté par M. Nouël dernier, Doyen de Paules, & neantmoins trop long à apprendre aux ieunes enfans par cœur, partât requeroit que lon dressast vn catechisme d'vne forme qui sans autre seroit receu generallement. Il luy fut demandé, s'il ne suffisoit pas d'adiouster quel.

que chofe à ce petit Catechifme du liure des prieres,
Sa Maiefté dit que la demande des Docteurs eftoit
fort raifonnable, neantmoins qu'il voudroit ledict
Cathechifme en peu de mots, & en termes purement
affirmatifs, taxant par là le grand nombre des Cate-
chifmes lefquels receus en vne de leurs Eglifes,
eftoit en grand peine receu en l'autre pour doctrine
faine & orthodoxe: partant fouhaitoit qu'on en dref-
faft vn, d'vn commun confentement : Adiouftant en
cette excellente, fentieufe & antentique conclufion,
qu'en la reformation d'vne Eglife il defiroit qu'on
obferuaft deux reigles: la premiere, Que les vieilles
curieufes, profondes, & intriquées queftions fuffent
bannies en la fondamentalle inftruction du peuple:
Secondemeut, que l'on fe departift de telles fortes
de Papiftes en toutes chofes que nous ne foyons iu-
gez eftre en erreur pour accorder en aucuns points
auec eux.

A la precedente plainte le Docteur Regnold adiou-
fta la profanation du iour du Sabbath, & mefpris de
l'Edict que fa Maiefté faict pour la reformation de
cét abus, au moyen dequoy il defiroit qu'on tint la
main à la correction de cét abus plus feuerement
qu'on n'auoit pas faict : à quoy il trouua vn confentement general & vnanime de tous.

Puis il propofa à fa Maiefté qu'il y euft vne nouuelle tranflation de la Bible, d'autant que celles qui
ont efté receuës és regnes de Henry VIII. & Edoüard
VI. eftoient corrompuës & ne refpondoient à la verité de l'original. Pour exemple, premierement le
paffage aux Galat. 4. 15. le mot Grec συσοιχεῖ n'eft
pas bien tourné, comme il eft maintenant, & n'ex-
primant affez la force du mot, ny le fens de l'Apoftre,
ny la fituation du lieu.

En fecond lieu Pfal. 103. *ils n'eftoient pas obeiffans:*

au lieu qu'en l'original y a *ils n'estoient pas desobeissans.*

En troisiesme lieu, Psalm. 106. *Lors se leuant Phi-nées,* & puis en Hebrieu y a, *executa iugement.*

A laquelle proposition n'y eut pour le present aucune contradiction, estans les obiections triuiales & peu considerables & desia Imprimées, voire respondues: Seullement l'Euesque de Londres adiousta, que si l'humeur de chacun estoit suiuie, il n'y auroit aucune fin aux translations: Et sur ce sa Majesté souhaita que l'on aduissast voirement à quelque vniforme translation, disant n'auoir encores veu aucune Bible bien traduite en Anglois: Mais qu'il jugeoit que la pire de toutes estoit celle de Geneue, & qu'il y fust trauaillé par les doctes personnes des deux Vniuersitez, pour estre puis apres reueuë par les Euesques & les plus sçauans du Clergé, & apres presentée au Conseil priué : & finalement auctorisée par sa Majesté. Et qu'ainsi toute cette Eglise seroit obligée à ladite version, & non à aucun autre: Mais quant, & quant donna cest aduis qu'il n'y eust aucune note à la marge, ayant trouué en celle qui sont adjoustées à la Bible de Geneue, qu'il disoit luy auoir esté donnée par vne Dame d'Angleterre des nottes fort partiales, fausses, seditieuses, & ressentans par trop les desseins d'une ame dangereuse & tresperuerse: comme pour exemple, Exod. 1. 19. où la notte marginale aprouue la desobeissance aux Roys : & 2. Chron. 15. 16. la note taxe seulement cela pour auoir deposé sa mere ; mais non de l'auoir niée, & ainsi conclud, à point comme tout le reste, auec vn graue & judicieux aduis. En premier lieu, que les errans au fait de la foy fussent corrigez & amendez. Et apres que les choses indifferentes fussent plustost interpretées en quelque glose adjoustée, allegant à ce propos vn mot de Barthole, du regne, Qu'il vaut

mieuz

mieux souffrir vn Roy auec quelque defaut que de changer tousiours : Aussi qu'il vaut mieux endurer quelque manquement en l'Eglise, que d'innouer tousiours quelque chose. Et certes dit sa Majeste si ce sont icy les poincts qui vous faschent le plus, il n'estoit ja besoin que je fusse importuné de telles plaintes, on eust peu prendre quelque autre voye en particulier pour vostre satisfaction : & sur ce regardant vers les Seigneurs il se mit à sousrire.

Le dernier point remarqué par le Docteur Regnold & le premier chef de Doctrine, fut que tous livres meschans & seditieux fussent supprimez, du moins restreints & departis à peu : Car par la liberté d'imprimer tels liures, plusieurs jeunes escoliers d'esprits mal rassis deux Vniuersitez, & par tout le Royaume, estoient corrompus & pervertis : nommant pour vne instance le liure intitulé *de jure Magistratus in subditos*, publié de nouveau par Frikerm Papiste, & appliqué contre la Reyne defuncte en faveur du Pape. L'Euesque de Londres croyant que c'estoit à luy principallement que ce propos s'adressoit, répondit premierement en general, qu'il n'y avoit point vne si licencieuse publication de liures comme l'autre s'imaginoit ou se plaignoit; & que personne, sinon ceux qui les voudroient refuter comme le Docteur Regnold auoit liberté de les achepter : Au reste tels liures estoient apportez en ce Royaume par plusieurs moyens secrets, de sorte qu'il seroit malaisé en auoir parfaite connoissance : Secondement quand au particulier de Firkerme, dit, que l'Auteur *de jure &c.* estoit un grand disciplineur, enquoy se voyoit quel avantage telles gens donnent aux Papistes, lesquels *mutatis personnis*, ils auoient accommodé leur argument contre les poincts de la Religion; Mais quand à luy il dict, qu'il en detestoit, & l'autheur, & celuy

celuy qui l'auoit contrefait, Monsieur Cecille taxant aussi la requeste de liberté de diuulguer & vendre ses Papistiques & seditieux liurets, tant au cymetiere S. Paul, & és Vniuersitez, fit mention d'vn nouuellement Imprimé sous le nom de *Speculum magicum*, que sa Majesté dit, & Henry Hauard à present Comte de Northampton asseurement estre vn tres-dangereux liure, & en la matiere, & au dessein. Monsieur le Chancelier aussi diuisant tous ces liures en Latins & Anglois, dit que ces derniers faisoient plus de mal; Toutesfois Monsieur le Secretaire asseura que l'Euesque de Londres auoir fait son plain deuoir de supprimer tels liurets, & qu'il n'en connoissoit aucun autre qui y eust fait aucun deuoir que luy. Enfin il pleut à sa Majesté de dire au Docteur Regnold, qu'il estoit meilleur homme de college que d'Estat: Car s'il auoit dessein de taxer l'Euesque de Londres, de permettre ou souffrir les liures contentieux, d'entre les Prestres seculiers & les Iesuites dernierement publiez, Sa Majesté vouloit bien que luy & ses associez sceussent & en aduertissent leurs adherans & amis, que les Euesques estoient en ce point injuriés & diffamés, puis qu'en cecy il n'auoit rien faict que par ordonnance du Conseil, afin de nourrir parmy eux vn schisme, & par mesme moyen y traitter & deffendre le droit & tiltre de sa Majesté, Monsieur Cecille esperant qu'ils estoient permis, d'autant que le tiltre & pretention d'Espagne estoit refuté: Monsieur le Thesorier adjousta que le Docteur Regnold deuoit auoir remarqué vn autre vsage de ces liures, assauoir, que maintenant par le tesmoignage des Prestres mesmes, la Reyne deffuncte & l'Estat estoient deschargez de l'imputation que nous mettions les Papistes à mort seullement pour leurs consciences & pour leur Religion, attendu que par cesdits liures ils confessent eux mesmes qu'ils

estoient

estoient executés pour trahison. Le Docteur Regnold
s'excusa, disant, que sa plainte n'estoit point des liures Imprimez en Angleterre, ains de ceux qui estoient apportez de là la Mer, comme commentaires en
Philosophie, ou en Theologie. Ce furent donc icy les
parties du premier chef touchant la pureté de la doctrine.

Au second point general touchant l'establissement
des Ministres sçauans en chacune Parroisse, il pleust
à sa Majesté respondre, qu'il en auoit des-ja conferé
auec les Euesques, lesquels il trouuoit prest, & prom-
pts de le seconder, en cecy blasmant la nonchalance
& paresse de plusieurs en ce Royaume, mais comme
subita euacuatio estoit perilleuse, aussi estoit *subita mu-*
tatio. Partant cette affaire ne fust point resolue presentement: d'autant que d'ordonner en chacune Parroisse
vn Ministre suffisant, les Vniuersitez n'y pourroient
pas fournir. D'autre part il trouuoit des-jà qu'il y
auoit d'anâtage de gens sçavans en ce Royaume qu'il
n'y auoit d'entretien pour eux: de sorte qu'il falloit
lors premier pouruoir à leur entretenement, & puis
auiser à l'autre, & cependant les Ministres ignorans
deuoient estre, s'ils estoient jeunes, & qu'il y eust es-
poir d'amandement en eux : Si vieux, il falloit atten-
dre leur mort, afin d'y pouruoir mieux aprés : & ainsi
conclud ce poinct auec vne bien religieuse & zelée
protestation d'aduancer tous les jours quelque chose
à cette affaire, *d'autant que Ierusalem ne pouuoit estre ba-*
stie en vn jour. L'Euesque de Vincester fist entendre au
Roy, que ceste incapacité du Clergé quelle qu'elle
soit, ne procede point de la faute des Euesques, Mais
en partie par les patrons lais qui nomment à leurs
Curez de fort simples hommes, dequoy luy-mesme
donnoit vne instance pour son regard, disant que depuis qu'il estoit Euesque de Vincester, fort peu de
Maistres

Maistres ez Arts auoient esté nômés aux bons benefices: en partie aussi par la loy du pays, laquelle admet
vne bien petite & tolerable suffisance en vn Clerc,
tellement que si l'Euesque ne les vouloit admettre,
aussi tost on luy enuoyoit vn *quare impedit*.

Icy l'Euesque de Londres s'agenoüillant supplia sa
Majesté, parce qu'il voyoit aussi bien que c'estoit le
temps de faire des demandes & requestes, qu'il luy
fust permis d'en faire aussi deux ou trois. Et premierement qu'il y eust parmy nous vn Ministere de prieres:
Car puis qu'il y a au Ministere plusieurs deuoirs &
charges excellentes à accomplir, comme l'absolution
du penitent, la priere & benediction sur le peuple,
administration des Sacremens, & semblables, on en
est venu là maintenant, de croire que l'vnique office
d'vn Ministre estoit d'employer le temps à declamer
en vne chaize bien souuent, Dieu le sçait auec assez
d'indiscretion & ignorance, mesmes auec tant de
mespris du seruice diuin, qu'aucuns Ministres ayment
mieux se pourmener au Cloistre ou Cymetiere, atten-
dant l'heure du sermon, que d'assister aux Prieres publiques, Aduoüans neantmoins qu'en vne Eglise
nouuellement plantée, la predication estoit bien necessaire. Mais parmy nous qui de long temps auons
la vraye doctrine establie, il croyoit que ce n'estoit
pas la seulle fonction necessaire pour negliger ainsi le
demeurant: de laquelle proposition, sa Majesté se
contenta fort, taxant bien à propos l'hipocrysie de ce
temps, qui met toute la Religion en l'oreille, par laquelle y a vn passage fort aysé, mais la priere qui ex-
prime l'affection du peuple du cœur, & qui est la vraye deuotion de l'esprit, comme chose qui nous tient
en ceruelle, puis qu'il s'en rencontre. Que la priere
estoit comme il faut, vne ouuerte consideration de
nostre condition, vn deu examen à iceluy que nous
prions,

prions, vne humble confeſſion de nôs pechez, auec vne vraye contrition pour iceux, & vne repentance jointe à la foy, Que la priere, dis-je ainſi faite, ſoit eſtimée la moindre partie de la Religion.

L'autre fut, Qu'attendans qu'on euſt pouruoeu en chacune aſſemblée de perſonnes de ſçauoir & ſuffiſance que l'on y leut de belles Homelies, & en plus grand nombre qu'auparauant: & que les Miniſtres trauaillaſſent à les remettre en credit, comme auparauant il les auoient miſes en meſpris, chacun, dit-il, qui ſçayt bien parler, ne ſçait pas écrire.

Ce que ſa Majeſté trouva bon, ſur tout és lieux où le reuenu n'eſt pas baſtant pour entretenir un ſçauant Miniſtre : Comme pareillement és lieux où il y a nombre de Preſcheurs, comme à Londres & és grandes Villes, és Bourgs & Villages où les Preſcheurs ſont plus rares, il ſouhaitoit les Sermons ; Mais où y a multitude de Sermons, là deſiroient-ils que les Homelies fuſſent loüez, & là-deſſus demanda l'auis des Complaignans, qui l'avoüerent : un Miniſtre de predication eſtoit meilleur à la verité, dit ſa Majeſté, mais là où on ne le pouuoit auoir, les ſainctes prieres & exhortations faiſoient beaucoup de bien. Laiſſez donc ce qui ſe peut faire, & ſouffrez ce qui ne peut. Icy fut un peu parlé du reuenu par Monſieur le Chancelier, diſant que les Benefices auoient pluſtoſt faute d'hômes ſçauans, que les hommes ſçavans n'auoient beſoin de Benefices. Pluſieurs és Vniuerſitez Maiſtres, Bacheliers & Docteurs, ſouhaitent, partant qu'aucuns euſſent des veſtemens ſimples auant que les autres en euſſent de doubles : & declara ledit ſieur Chancelier le moyen qu'il auoit touſiours tenu à departir les Benefices de Collation Royale. Monſieur l'Eueſque de Londres voyant en cecy le ſoin fort loüable dudit Seigneur Chancelier repartir neant-

E   moins,

moins, qu'un pourpoint doublé estoit necessaire en temps froid : Mais Monsieur le Chancelier repliqua, Qu'il ne disoit cela comme s'il eust trouué mauuaise la liberté des autres Eglises d'accorder à un homme deux Benefices, mais de son jugement & pratique particuliere, fondée sur la raison susdite.

La derniere demande faite par l'Euesque de Londres fut, que les chaires ne fussent employées pour les Pasquils, où les fantastiques & mal-contens déprisassent leurs Superieurs. Ce que le Roy ouyt fort gracieusement, rejettant cette méchante coustume: menaçant de faire un exemple du premier qui useroit de la façon en ces Sermons; & concluant auec une sage remonstrance aux opposans, que chacun eust à solliciter & induire ses auditeurs à la paix, & que s'il auoit chose à reprendre aux gens d'Eglise, de ne pas faire de la chaire un lieu de reproches, contre les personnes; ains d'en auertir sa Maiesté, par degrez neantmoins. Premierement, que la plainte soit faite à l'ordinaire du lieu, de là à l'Archeuesque esleu, aux Seigneurs du Conseil: & s'il ne s'y trouuoit aucun remede, à luy-mesme. Et cet auis fut donné par sa Maiesté, parce que l'Euesque de Londres luy auoit dit, Que s'il ouuroit une fois la porte à ses plaintes, sa Maiesté ne seroit iamais en repos, ny ses Officiers respectez, attendu que desja maintenant nulle faute ne peut estre censurée, qu'aussi-tost le delinquant ne menace son superieur d'en faire plainte au Roy : Et pour cette cause que de nouueau un Imprimeur supris en faute en auoit dit autant.

Le Docteur Regnold vint aprés à la souscription qui concerne le quatriéme chef general, comme il l'auoit proposé au commencement, assauoir, le liure des prieres communes, prenant occasion d'euiter en ce suiet, comme si l'admission dudit liure estoit un

grand

grand empefchement à l'auancement de l'Eglife,
pourtant fupplioit qu'il ne fuft exactement commandé comme auparavant; d'autant qu'à cette occafion
plufieurs honneftes gens eftoient retardez, autres dépoffedez, autres troublez, autres inquietez,
defigurer conformément aux Loix du Royaume, les
articles de la Religion & la priuauté du Roy: c'eftoit
chofe qu'ils feroient volontiers. La raifon de leur
refterité à figner autre chofe, eftoit en premier lieu
les liures Apocriphes, que le liure des prieres publiques enioignoit d'eftre leuës en l'Eglife, ores qu'aucuns Chapitres foient marquez d'erreurs manifeftes,
directement manifeftes à l'Efcriture, comme en Ecclef. 48 10. où il taxe l'Auteur de ce livre d'auoir
tenu auec les Iuifs d'auiourd'huy cette opinion, que
Helie en perfonne deuoit reuenir auant Iefus-Chrift,
& ainfi par cette raifon que Chrift n'eftoit encores
venu en chair, & confequemment cela impliquoit
contradiction, & un dény du premier article de no-
tre redemption. La raifon pourquoy il accufoit l'Auteur, parce qu'il ufe de ces mots *Elie en perfonne*,
Que le Prophete Malach. chap. 4. applique à Elie
en reffemblance, que l'Auge tuë, 1. 17. & noftre
Sauueur, Matth. 11. expofant eftre Saint Iean Ba-
ptifte. Sa réponfe fut double auffi bien que l'obiection generalle. Premierement pour le regard des livres Apocriphes l'Evefque de Londres, monftrant
en premier lieu pour l'antiquité d'iceux que la pluf-
part des obiections faites contre lefdits liures eftoiét
les vieilles Cavillations des Iuifs renouvellez par S.
Hierofme, qui fut le premier qui leur donna le nom
d'Apocryphes: de laquelle opinion fur la difpute
que luy en fift Ruffin, il fe desdit en partie, & tant
pluftoft, qu'on le fcandalifoit de telle façon de parler. Secondement à caufe de la continuation d'iceux

en l'Eglife au dire mefme de Kimidatus & Chemnitius deux Efcriuains de noftre temps.

L'Evefque de Vinton ramenteut la diftinction de S. Hierofme, *Canonici funt ad informandos mores non ad confirmandam fidem*, laquelle diftinction il difoit deuoir eftre fuiuie pour la iuftification de certains Conciles. Enfin fa Maiefté dit, qu'Elle y vouloit tenir un moyen, ne defirant pas que tous les Canoniques fuffent leus en l'Eglife, s'il n'y auoit quelqu'un pour les interpreter ny aucun Apocryphe auquel y euft erreur. Mais pour ceux qui eftoient clairs & conformes à l'Efcriture, il vouloit qu'ils y fuffent leus. Car pourquoy, dit-il, font-ils donc Imprimez, aiouftant que les livres des Machabées font bons pour l'hiftoire de la perfecution des Iuifs, mais non pour enfeigner ou à facrifier pour les morts, ou fe tuer foy-mefme.

Sur ce, Sa Maiefté fe leva de la chaire, & fe retira pour un peu de temps en fon cabinet : & pendant ce temps les Seigneurs fe mirent à parler derechef de ce paffage de l'Ecclef. & recommancerent au retour de fa Maiefté, laquelle les voyant fi ahurtez aprés, faifant apporter une Bible, declara premierement qui eftoit l'Auteur du liure : & la caufe pourquoy il l'auoit écrit : puis diuifa analitiquement le chapitre entier, montrant les precedentes & confequences d'iceluy, & finalement expliqua fi exactement & Theologiquement la fomme de ce paffage, faifant voir clairement que quoy que Iefu Sirach euft dit en ce lieu d'Elie, *Elie vivant l'auoit accomply en fa propre perfonne*, de forte que le bruit qui auoit efté entre ces Seigneurs au commencement, n'auoit point efté fi grand, comme fut puis aprés l'eftonnement d'auoir entendu de la bouche de fa Majefté une fi foudaine, fi veritable, & certes fi admirable interpretation:

donnant

donnant une attaque au Docteur Regnold, qu'il n'eſtoit pas raiſonnable d'impoſer à un homme mort un ſens auquel il n'auroit jamais penſé: & conclud avec une gentille apoſtrophe à ces Seigneurs, Que penſez-vous qui met ces gens ainſi en colere contre l'Eccleſiaſtique, par ma foy, dit-il, ie croy que ce ſoit un Eueſque, autrement ils ne l'euſſent iamais traitté de la façon : Mais pour le general, il fut dit par ſa Maieſté, Que le Docteur Regnold marqueroit les chapitres & Apocryphes où eſtoient ces paſſages offenſifs, & les apporteroit à Monſieur l'Archeueſque de Cantorbye Mercredy prochain: & ainſi luy fut commandé de ce pourſuiure.

L'autre ſcrupule qu'ils faiſoient pour la ſubſcription du liure fut, qu'audit liure il y a deux fois écrit, Ieſus dit à ſes Diſciples, au lieu qu'au texte eſt certain qu'il parla aux Phariſiens. A quoy fut répondu, Que comme il appert par les paſſages, ce propos ſe pouvoit auſſi bien addreſſer à ſes Diſciples qu'aux Phariſiens, les uns & les autres eſtans preſens : Mais ſa Maieſté en iugea veritablement, deſirant que le mot de Diſciple fuſt obmis, & les paroles *Ieſus dit*, imprimées de lettres differentes, afin qu'on reconnuſt que ce n'eſtoit point partie du texte.

La tierce obiection contre ladite ſubſcription eſtoit, Les demandes qui ſe font aux Bapteſmes, & qui ſe propoſent aux enfans : Et parce que c'eſtoit un poinct difficile, le ſieur Knéuſtubs fut prié de le pourſuiure, lequel en une longue & perplexe Harangue dit, que l'avis de S. Auguſtin eſtoit que *Baptiſa-re* eſtoit *Credere*. Mais quoy qu'il en ſoit Sa Majeſté confeſſa franchemenr, *Ego non intelligo:* & demanda aux Seigneurs leur avis ſur ce qu'il vouloit dire, & ſembloit qu'un de la troupe entendiſt ſa conception, car eſtant derriere luy, luy diſoit, pouſſez voſtre

point,

pointe, car c'eſt un bon poinĉt. L'Eveſque de Vin-
tonſe doutant de ſa conception luy monſtra l'uſage
desdites demandes par S. Auguſtin, & aiouſta la raiſon *qui peccavit in altero credat in aliero*, ce qui fut
ſuivy par Sa Majeſté, laquelle pour le ſurplus des
articles qui reſtoient, voulut répondre luy ſeul, comme à la verité nul de la compagnie eſtoit capable
d'entendre avec plus de promptitude, refuter auec
plus de dexterité, & de reſoudre auec plus de jugement que Sa Maieſté, ſe rendant de tant plus admirable que les poinĉts ausquels on le voyoit contraire: Et tous tant que nous eſtions le croyons y eſtre
peu entendu, neantmoins il le conceuoit ſi ſoudain,
& en disputoit ſi reſolument. Cela, dis-ie fut repon-
du par ſa Maieſté. Premierement, Que cette queſtion
ſe devoit faire à la partie, qui y auoit principalement
intereſt.

Secondement par l'exemple de ſoy meſme, parce
qu'en ſon enfance, lors qu'il fut courronné Roy
d'Eſcoſſe, l'on luy fit faire telles demandes.

Et puis ſa Majeſté, comme auſſi tout ce qui ſuit
leur demanda s'ils auoient plus rien à dire.

Monſieur kueroſtubs ſe formaliza contre les ſignes
de la Croix au Bapteſme, dequoy on vſoit juſques au
nombre de deux.

Premierement à cauſe des ſcandales que prenoient
les freres foibles, fondez ſur ces parolles de S. Paul
Rom. 14 & 1. *Cor.* 8. aſſauoir les conſciences debiles, leſquelles il ne failloit offencer : A quoy ſa Majeſté répondit fort ſubitement, recommençant par la
reigle generalle des Peres *diſtingue tempora & concor-
dabunt ſcripturæ* montrant la difference de ce temps
là au noſtre, & puis que l'Egliſe n'eſtoit lors que nouuellement plantée, & gueres bien eſtablie, au lieu
que la noſtre eſt bien arreſtée & floriſſante. Apres que
les

les Chreſtiens eſtoient nouuellement ſortis du Paganiſme, & non gueres bien fondés: ce qui n'eſt pas en
l'Egliſe d'auiourd'huy, attendu que la doctrine Pay-
enne eſt bannie longtemps y a de ce pays.

Secondement par vne queſtion ſans reſponſe, leur
demandant combien ils entendoient de debiles: ſi
quarante cinq ans ne ſuffiſoient pas pour les rendre
forts: qui eſtoient ceux qui ſe plaignoient de ceſte
foibleſſe. Car dict le Roy, nous ne requerons pas
maintenant que les laiës & les idiots ſous ſignent le
liure, ains les Preſcheurs & Miniſtres, leſquels auroient honte d'eſtre touſiours nourris de laict, ains
ils ſont capables de paiſtre les autres. Qu'il eſtoit à
croire que ſi aucuns d'eux eſtoient fort aſſeurez: ils
vous auoient la teſte aſſez forte, & quoy qu'aucuns
d'eux pretendiſſent d'eſtre foibles, toutesfois aucuns
de ceux pour leſquels ils parloient maintenant, ſe
ſentirent aſſez capables de les inſtruire, & tous les
Eueſques du Pays.

Son objection contre la Croix, conſiſtoit en trois
demandes: Si l'Egliſe auoit puiſſance d'inſtituer vn
ſigne exterieur ſignifiant. A quoy fut reſpondu, premierement, Qu'il en meſprenoit l'uſage de la Croix
tel que nous l'auons icy, d'autant qu'on ne s'en ſer-
uoit au Bapteſme que comme d'vne ceremonie. Secondement, par leur exemple propre, qui diſoient
l'impoſition des mains en leur ordination de Paſteurs
eſtre vn ſigne ſignifiant.

Tiercement en la Priere, diſoit l'Eueſque de Vinton,
l'agenouillement à terre, l'eleuation des mains, le bat-
tement de la poitrine, ſont ceremonies ſignifiantes;
la premiere de noſtre humilité, nous repreſentans à
Dieu; l'autre de noſtre conſcience, & eſperance; & la
troiſiéme de noſtre contrition & deſplaiſir de nos offenſes, deſquelles ceremonies on peut vſer legitimement.

ment. Finalement le Doyen de la Chapelle ramenteut la pratique des Iuifs, lesquels à l'institution de
la Pasque qui leur auoit esté prescripte par Moyse,
auoient ajousté ainsi que les Rabins tesmoignent
signes & parolles, manger des herbes ameres, &
boire du vin auec ces parolles, *Prenez, mangez ces
choses en memoire, &c. Beuuez cecy en memoire &c.* Sur
laquelle addition, & tradiction nostre Seigneur insti-
tua le Sacrement de son dernier souppet, & le celebrant auec les mesmes parolles & en la mesme maniere. Parlà approuuans leur faict en cecy & genera-
lement, que l'Eglise peut instituer & retenir vn signe
signifiant. Ce qui contenta fort sa Majesté.

Aptes sa Majesté desira estre esclarcie par l'antiquité
sur le subject de l'vsage de la Croix: que le Docteur
Regnold aduoüa auoir tousiours esté depuis le temps
des Apostres, mais la difficulté fut de le verifier pour
cet vsage ancien au Baptesme. Car pour vne sortie,
pour leur entrée en l'Eglise, ou en leurs Prieres & benedictions, il estoit pratiqué par les anciens. Mais
pour le Baptesme sçauoir si l'antiquité l'y approuuoit.
Le doute fut faict par le Doyen de Hurisbourg nommé Gourdon, lequel sa Majesté en passant loüa fort
pour son sçauoir en l'antiquité, lequel doute fut es-
clarcy *obsignatis tabulis* par le Docteur de Vestmester,
lequel le Roy à l'instance de l'Euesque de Londres
commença de parler en ce subiect, par Tertulian,
Cyprian, Origene, & autres, qu'il estoit pratiqué, *In
immortali lauatro.* Lesquelles parolles estans vn peu
sommairement traictées, il eschappa à quelqu'vn de
dire, (je croy que ce fut l'Euesque de Vincester) qu'-
au temps de Constantin on vsoit du signe de la Croix
en l'Eglise. Quoy? dit le Roy, sera-il donc dit que
nous accuserons Constantin du Papisme & superstion.
Si donc on en vsoit en ce temps là, je ne voy point de
raison

raiſon pourquoy nous n'en deuions vſer encores.

La ſeconde queſtion de monſieur kueroſtubs fut que poſé le cas que l'Egliſe euſt ce pouuoir d'adjouſter des ſignes ſignifians, ſi on en pourroit aiouſter là où noſtre Seigneur en auroit ordonné, ce qui ſeroit, diſoit il, dérogeant à l'inſtitution de Ieſus Chriſt, comme il luy ſembloit. Que ſi quelque Potentat de ce Royaume preſumoit d'adjouſter vn Seau au grand d'Angleterre. A quoy ſa Majeſté repartit, que le faict n'eſtoit ſemblable, d'autant que nul ſigne ny autre choſe auoit eſté adjouſtée au Sacrement qui eſtoit pleinement & parfaictement accomply auant qu'il ſe fiſt jamais mention de la Croix, en confirmation dequoy ſa Majeſté commanda que le paſſage fuſt leu.

Finallement ſi l'Egliſe auoit ce pouuoir, ſi auoient ils vn grand Scrupule en la conſcience tant qu'vne telle ordonnance de l'Egliſe les obligeroit, ſans empeſcher leur liberté chreſtienne. Dequoy le Roy ſe monſtra vn peu faſché, & luy dict, Qu'il ne vouloit diſputer de cecy auec eux, mais luy reſpondre comme les Roys ont accouſtumé de parler au Parlement. Le Roy s'auiſa, adjouſtant que cela ſentoit fort l'Anabaptiſte, & faiſoit comparaiſon d'eux auec la couſtume d'vn ieune garçon ſans barbe nommé maiſtre Iehan Brack, lequel en la derniere conference tenuë en Eſcoſſe par les Miniſtres en Decembre 1602. luy dit, qu'il vouloit en forme de doctrine tenir conformité auec les ordonnances de ſa Maieſté. Mais au faict des ceremonies, on les deuoit laiſſer à la liberté Chreſtienne à un chacun ſelon qu'il receuoit plus ou moins de lumiere par l'illumination de l'Eſprit de Dieu, & ſi auant dit ſa Maieſté, qu'ils deuiennent fols auec leur lumiere; Mais pour moy, ie ne veux point de tout cela, ie veux vne doctrine, & vne diſcipline, vne Religion en ſubſtance & en ceremonie; & pourtant ie

F vous

vous enioint ne parler plus de ce poinct, d'autant que vous estes tenus de m'obeyr à tout ce que l'Eglise a ordonné: & ainsi leur demanda s'ils n'auoient plus rien à dire.

Le Docteur Regnold obiecta cest exemple du Serpent d'airain demoli & reduit en poudre par Ezechias, d'autant que le peuple en abusoit à idolatrie, souhaittant par raison pareille que l'on quittast la Croix, d'autant qu'au temps de la Papauté on en auoit abusé superstitieusement. A quoy sa Maiesté respondit en plusieurs façons: Premierement ores que ie soye, dit-il, persuadé suffisamment, de la Croix au Baptesme, & de la loüable pratique d'icelle en l'Eglise par un si long temps, si est-ce que si autre chose n'importoit, cest argument seul m'induiroit à le retenir, ainsi qu'il est establi maintenant. Car entant qu'on en abuse à superstition comme vous pretendez, il s'ensuit donc maintenant qu'on en usoit bien avant la Papauté. Ie vous diray, i'ay vescu auec cette sorte de gens, parlant aux Seigneurs & aux Euesques depuis l'âge de dix ans, mais ie puis dire comme nostre Seigneur, quoy que ie vecusse parmy eux, si est-ce que depuis que i'ay esté capable de iuger, ie n'ay iamais esté des leurs. Et que rien ne m'a tant fait condamner & detester ceste procedure que de les voir si peremptoirement reietter toutes choses pratiquées en la Papauté. Pour moy, ie ne sçay comment respondre à l'obiection des Papistes, quand ils nous chargent de nouueauté, Mais bien leur peut-on dire que leurs abus sont nouueaux, & que les choses dont ils ont abusé nous les retirons en leur forme primitiue, & ne reiettons que la corruption nouuelle. Car par la mesme raison il nous faudroit reietter la Trinité & toutes choses sainctes desquelles on a abusé en la Papauté. Et parlant au Docteur Regnold en riant, dit, ils

portent

portent pourpoint & chauſſes en la Papauté, pourtant il vous faut aller pieds nuds maintenant.

Secondement dit ſa Maieſté, quelle reſſemblance y a il entre le Serpent d'airain qui eſt vne choſe viſible & materielle & le ſigne de la croix fait en l'air.

Tiercemeut les Eueſques m'ont fait entendre & le trouue veritable que les Papiſtes eux meſmes n'ont iamais attribué aucun pouuoir ou grace ſpirituelle au ſigne de la Croix au Bapteſme.

Quartement vous voyez que les Croix materielles que l'on faiſoit en la Papauté, pour s'y encliner & les honorer comme les Iuifs idolatres faiſoient au Serpent d'airain, ſont demolis ainſi que vous le deſirez.

L'obiection d'apres fut les ſurplis eſpece de veſtement, que les Preſtres d'Iſis auoient couſtume de porter. Certainement dit ſa Maieſté, ie ne penſois pas iuſqu'à cette heure, que cecy euſt eſté emprunté des Payens, d'autant qu'on l'appelle ordinairement & par moquerie de la Papauté, mais quand ainſi ſeroit, ſi eſt-ce que nous ne ſommes point maintenant voyſins des nations Payennes, ny aucuns d'eux conuerſans parmy nous, qui peuſt prendre de là, occaſion d'eſtre confirmé en ſon paganiſme. Car en ce cas y auroit iuſte cauſe, d'en deffendre l'vſage. Mais attendu qu'il appert par l'antiquité, qu'en la celebration du ſeruice diuin, Il faut vn habit different au Miniſtere, & principallement de linge blanc. Il ne voyoit point de raiſon, qu'il ne fut continué en cette Egliſe, comme il eſtoit auparauant tenu pour bien ſeans, Et pour l'ordre eſtant ſa conſtante, & ferme oppinion, que nulle Egliſe ne doit d'avantage ſeparer de celle de Rome, ſoit en doctrine ou ceremonies qu'autant qu'elle s'eſt ſeparée d'elle meſme, Lors qu'elle eſtoit en ſon floriſſant eſtat, & de ſon chef & Seigneur Ieſus Chriſt: Et icy derechef il leur demanda ce qu'ils auoient encores à dire.

 Le

Le Docteur Regnold, dit, qu'il y auoit à reprendre à ces parolles du liure des Prieres publiques au Mariage, auec mon corps, ie l'honore, sa Majesté, regardant le passage, l'on m'auoit fait accroire (dit-il) que cette façon de parler, n'emportoit pas moins, qu'vne reuerence diuine, & adoration. Mais pour m'en estre enquis, ie trouue que c'est vne façon de parler Angloise, comme on dict, *A gentleman of vvorshipp* en gentilhomme d'honneur, & le sens conforme à l'escripture rendant honneur à la femme &c. Mais se retournant vers le Docteur Regnold, & se souriant, adiousta, tel parle souuent de chose qu'il n'a iamais veuë. Si vous auiez vous mesme mené vne bonne femme, vous tiendrez bien employé tout l'honneur & respect qu'on luy rendroit.

Le Doyen de Hurisburg fit mention de l'aneau aux espouzailles, ce quele Docteur Regnold, trouua bon, & le Roy aduoüa auoir esté espouzé auec l'aneau, adioustant qu'il y en a qui ne penseroient pas estre bien mariez, s'ils ne l'estoient auec l'aneau.

Il parla aussi des femmes qui vont à l'Eglise apres estre releuées sous le nom de purification, ce qui estant leu dans le liure, Sa Maiesté, le trouua tres bon, & dict, plaisamment que les ieunes, estoient d'elles mesmes assez paresseuses d'aller à l'Eglise & pourtant qu'il falloit & cette occasion & toute autre pour les y attirer.

Et ce fut la somme, & la substance, de ce troisiesme poinct general, & à ceste pause comme il commençoit à estre nuict sa Maiesté demanda derechef, s'ils auoient plus rien à dire, & qu'à cet effect, ils auroient vn autre iour: d'autant qu'il estoit tard. Mais le Docteur Regnold, luy dit, qu'ils n'auoient plus qu'vn poinct qui estoit le dernier chef general. Lors sa Maiesté luy demanda premierement ce qu'ils auoient à

dite

dire du bonnet cornu. Mais tous l'approuuerent, bien, donc, dit sa Maiesté se tournant vers les Euesques, vous pouuez donc seurement porter vos bonnets, mais je vous diray, que si vous venez à vous pourmener, en vne ruë de quelque Ville d'Escosse auec le bonnet carré, si je n'estois auec vous, vous courriez fortune d'estre lapidez.

Au quatriesme chef general, touchant la discipline. Le Docteur Regnold premierement blasma la forme de commettre aux Chancelliers lais, les censures Ecclesiastiques. Sa raison fut qu'au temps de Henry VIII. fut faict vn Statut, touchant leur auctorité en ce faict, lequel fut abrogé au regne de Marie, & n'a esté establi du vivant de la Reyne deffunte: ains fut abrogé par les Evesques, mesmes en 1571. ordonnant que lesdits Chanceliers lais, n'excommunieront point en matiere de correction & l'an 1584 & 1580. qu'ils n'excommunieront en matiere d'instances. Mais que cela se feroit seullement par ceux qui ont l'authorité des clefs. Sa Majesté, fit response, que desja elle en auoit communiqué auec les Euesques, & qu'il y seroit pourueu, comme on verroit estre conuenable, & cependant qu'il parlast de quelque autre chose, s'il auoit autre chose à dire, lors il supplia que suiuant certaines anciennes constitutions prouinciales ceux du College se pussent assembler vne fois la sepmaine, premierement és Doyennez des champs, & là faire leurs prouisions ou prophenes suiuant. Et que le Reuerend pere Archeuesque Gundalle, & autres Euesques requerant de la feuë Reyne derniere, que les choses sur lesquelles on ne se pouuoit resoudre en ce lieu là seroient remises à la visitation des Archidiacres, & delà au Synode Episcopal, où l'Euesque auec ses anciens du Presbytere, determineroient ce qui n'auroit peu estre decidé.

A ceste parolle sa Majesté se monstra vn peu pic-
quée, toutesfois ce qui est admirable en luy sans passion & colere, croyant qu'ils tendoient à vn presbytere
ou Consistoire Escossois, lequel dit-il s'accorde aussi
bien auec vne Monarchie, comme Dieu & le Diable,
là dit-il, s'assembloient Iean, Pierre, Thibaut &
Guillaume & à leur plaisir me censurent & ceux de
mon Conseil & toutes mes actions, la Guillaume se
leuera en pieds & dira. Il faut qu'ainsi soit, & Thibaut au contraire: Non certes, mais nous le voulons
autrement & pourtant faut icy que je repette les mots
cy dessus, le Roy s'auisera, attendez, dict il, vn peu
sept années auant que requerir cela de moy, & lors
si vous me trouuez trop gras, & trop à mon ayse,
possible je vous escouteray. Car que cette sorte de
gouuernement soit vne fois establie, je suis seur que
je seray tenu en haleine, & lors nous aurons tous de
la besongne assez, voire nos mains toutes plaines.
Mais je vous prie Docteur Regnold, laissez cela tant
que vous me trouuerez en tel estat, que j'aye besoin
d'exercices. Et d'autant que le Docteur Regnold
auoit par deux fois auparauant parlé de la souueraineté premierement en l'article concernant le Pape, &
puis au poinct de la subscription, & que sa Maiesté
n'y auoit rien dit. Mais enfin elle s'auisa d'en dire vn
mot, ores dit elle, que lors de son lieu, mais il n'im-
porte, vous auez souuent parlé de ma souueraineté,
c'est de superiorité au faict de l'Eglise, & c'est bien
fait, mais connoissez vous auant icy, ou ailleurs, de
ceux qui aprouuent nostre gouuernement ecclesiastique, qui trouue faute ou blasme, en ma superiorité,
le Docteur Regnold respondit non. Pourquoy donc,
dit, sa Maiesté, ie vous veux faire vn conte. Apres que
la Religion restablie icy en Angleterre, par le ieune
Roy Edoüard, & fut renuersée, par la Reyne Marie,
nous

nous autres en Escosse en sentismes bien tost les effects, Car monsieur kury escriuit à la Royne regente,
laquelle sans flaterie ie puis dire auoir esté vne tres-
vertueuse, sage & modeste Princesse, qu'elle estoit
chef souuerain de l'Eglise, & luy enioignoit si elle n'en
vouloit demeurer responsable, deuant le Tribunal de
Dieu, de prendre soin de l'Euangile de Christ, & de
supprimer les Prelats Papistes, qui y resistoient. Mais
combien cuidez vous que cecy dura, iusques à tant
que par son authorité les Euesques Papistiques, fussent supprimez, & puis luy mesme auec ses adherans
estants introduits & en possession & par ce moyen for-
tifiez. Ils entreprindrent eux mesmes le faict de la reformation. Apres ie vous promets qu'ils ne firent plus
d'estat de sa superiorité & ne se voulurent plus ayder
de son auctorité, ains prindrent l'affaire entre leurs
mains & suiuant la lumiere abondante de laquelle ils
se disoient illuminez, passerent outre, & la reformation de la Religion. Comme ils ont depuis traitté
ceste pauure Dame ma mere il se sçait assez ie m'en
resouuiens auec ennuy, laquelle pour n'auoir esté
mieux instruite, desiroit seullement vne Chappelle
pour y seruir Dieu, à sa mode auec peu de ses gens.
Mais sa superiorité ne fut bastante pour obtenir cela
d'eux, & comme ils en ont vsé en mon endroict pendant ma minorité, vous le sçavez tous, cela n'a pas esté
faict en cachette, & bien que ie le voulusse celer, ie
ne pourrois: croyez donc comme i'applique, dit cecy.
Et lors sa Maiesté mettant la main au chappeau, dit;
Messieurs les Euesques, ie vous ay obligation de ce
que ces gens en plaidant ainsi pour ma cause, craig-
nent me pouuoir faire leur cause bonne contre vous,
sinon en se plaignant, comme si vous ou aucuns de
ceux qui vous sont adherans, n'estoient pas bien affe-
ctionnez enuers moy. Mais si vne fois vous estiez

hors,

hors, & eux en vos places, Dieu ſçait ce qui deuien-
droit de ma ſuperiorité *point d'Euesque, point de Roy,*
Comme i'ay tantoſt dict & n'en parle point à l'aduan-
ture, ſans fondement, car i'ay remarqué depuis mon
aduenement en Angleterre, que quelques Preſcheurs en ma preſence, prient bien Dieu pour Iac-
ques Roy d'Angleterre, Eſcoſſe, & Irlande, deffen-
ſeur de la Foy: Mais quant à Supreme Gouuerneur
en toutes cauſes, & ſur toutes perſonnes tant Eccleſiaſtiques que ſeculiers, ils paſſent cela ſous ſilence &
de quel humeur ils ſont, ie l'ay depuis apris. Apres
cecy, ſa Maieſté leur ayant demandé s'ils auoient plus
rien à dire, & le Docteur Regnold ayant fait reſponſe que non, elle aſſigna le Mercredy prochain aux
deux parties pour ſe trouuer enſemble en ſa preſence,
& ſe leuant de ſa chaize pour entrer en ſon cabinet,
ſi c'eſt tout ce qu'ils ont à dire, dit ſa Maieſté je les
rendray conformes, ou je les chaſſeray hors du pays,
ſi ie ne leur fais pis.

Ce fut le ſommaire du ſecond iour de la Conference,
qui fit mettre en l'eſprit des Seigneurs, vne telle ad-
miration de la promptitude de ſa Maieſté, & de ſa
parfaicte connoiſſance, que l'vn d'eux dit, qu'il eſtoit
entierement perſuadé, que ſa Maieſté parloit de l'in-
ſtinct de l'Eſprit de Dieu, & monſieur Cecille, recon-
neut que nous eſtions infiniement obligez à la bonté
de Dieu, de nous auoir donné vn Roy d'vn cœur entendu, Monſieur le Chancelier ſortant de la chambre
priuée, dit au Doyen de Cheſter qui eſtoit pres la porte, i'ay ſouuent ouy & leu que *Rex eſt mixta perſona*
cum ſacerdote. Mais ie n'en auois iamais veu la preuue
iuſques auiourd'huy.

Certainement qui a ouy ſa Maieſté, peut iuger que
ce tiltre luy conuient tresbien que en apres doüa à ce
fameux

fameux Rethoricien, qu'il estoit ἡ βιβλιοθήκη τῆ ἀψύχϙ καὶ περιπματῶν μουσεῖον, vne librairie viuante, & vne estude pourmenante.

LA TROISIEME
Iournée.

LE Mercredy 18. Ianuier, tous les Euesques sus-nommez & les Doyens se trouuerent à la Cour, qui furent aussi tost appellez en la Chambre priuée, & tous ceux que monsieur l'Archeuesque auoit assignez par le vouloir de sa Maiesté, assauoir les Cheual-liers & Docteurs des Arches, Messire Daniel Dume, Messieurs Thomas Cropton, messire Richard Fitale, messire Iean Bunet, & le Docteur Dunoy, si tost que le Roy fut assis, ledict sieur Archeuesque luy presenta vn Memoire des poincts que sa Maiesté auoit remis à leur consideration le premier iour, & le changement ou plustost esclaircissement d'iceux en nostre Liturgie.

I. Absolution ou remission des pechez en la Rubrique de l'absolution.

II. Au Baptesme particulier le Ministre legitime pre-sent.

III. Examen auec confirmation des enfans.

IIII. Iesus leur dit paroles qui doiuent deux fois estre mises és Euangiles des Dimanches au lieu de Iesus dit à ses disciples.

Sur ce sa Maiesté prenant le liure des Prieres publi-ques en s'arestant sur le Baptesme particulier ordonna qu'au lieu des parolles en la rubrique au deuxiesme paragraphe, *ils ne baptisent pas les enfans* on liroit main-tenant *ils ne sont point baptisez les enfans,* & au mesme §. au lieu de ces mots, *lors ils l'administrent,* on lira : *le Curé ou legitime Ministre present, le fera en cette maniere.* Concluant sa Maiesté fort grauement qu'en cette

conference

conference il visoit à trois choses principallement. I. De mettre des mots propres & conuenables. II. Tascher à amender les choses sans apparence d'alteration. III. Et pour la pratique que chacun puisse faire son deuoir en sa charge.

Apres cecy sa Maiesté tomba sur le discours de la haute commission où il dit qu'il entendoit que ceux qui y estoient nommez, estoient & trop en nombre de trop petite qualité, que les affaires qui s'y mettoient estoient de peu d'importance, & telles que les ordinaires escheuts, en leurs Cours, & Iustices pouuoient censurer, & que les branches accordées aux Euesques en leurs dioceses, estoient trop frequentes & amples, à quoy mondit sieur l'Archeuesque fit réponse, pour le nombre, qu'il estoit requis, qu'il fust grand autrement il seroit contrainct d'estre assis seul comme il luy en arriue quelquefois, d'autant que ores que tous les Seigneurs du Conseil priué y fussent, tous les Euesques, plusieurs des Iuges & aucuns des Clercs du Conseil, si est-ce que peu ou nul d'eux, se seant auec luy aux heures ordinaires. Il est necessaire qu'aucun de moindre qualité, comme Doyens, & Docteurs en Theologie, y soient mis leur pouuant ledict Sieur Archeuesque auec plus d'auctorité, faire commandement de l'assister, secondement pour les causes qui s'y traittent, il dit que souuent il en auroit fait plainte, mais il n'y voyoit point de remede attendu que le deffaut peut estre de telle matiere que la iurisdiction ordinaire, le pouuoit censurer. Mais souuent arriue que la partie delinquante est de qualité, & ainsi l'ordinaire n'ose proceder contre luy, ou si puissât en son estat, ou si opiniastre en sa coustumace, qu'il ne veut obeïr aux munitions, ou censures, & ainsi l'ordinaire est contrainct de demander ayde de la haute commission. Au trosiesme l'Archeuesque dit,

que

que ce n'estoit à luy à y faire responſe, attendu que
pluſieurs de ſes commiſſions ont eſté accordées ſou-
uentesfois contre ſa volonté, & ſans ſa connoiſſance
pour la pluſpart, au moyen dequoy monſieur le
Chancellier remettoit à la conſideration de ſa Maieſté, s'il eſtoit point plus à propos de n'accorder telles
commiſſions ou à aucun Eueſque ſinon à ceux qui auroient les plus amples dioceſes, ce que ſa Maieſté
trouua fort bon, & y adjouſta quand & quand, voire
de ces Eueſques, qui ont en leurs dioceſes, les plus
turbulentes & opiniaſtres perſonnes Papiſtes & Puritains, mais pour cecy, & autres choſes, eſquelles on
trouuoit à dire, ſa Maieſté commanda d'en reſoudre
à ceux qui ſeroient ordonnez, pour regler la commiſſion. Et ce diſcours eut prins fin ſans vn des Seigneurs, ie croy veritablement que c'eſtoit plus pour
en eſtre mal informé que de propos deliberé, dit que
la procedure, en cecy eſtoit ſemblable à l'inquiſition
d'Eſpagne par laquelle l'on eſtoit contrainct de ſigner
& aduouër plus que la loy ne vouloit & que par le
ſerment, *ex officio* eſtoient forcez de s'accuſer eux meſmes, eſtoient au reſte examinez, ſur vingt ou vingt
cinq articles ſur le champ, ſans termes d'aduis, & la
pluſpart contre eux meſmes, pour preuue dequoy
fut monſtré vne lettre d'vn vieil Conſeiller d'Eſtat
homme d'hōneur eſcripte à monſieur l'Archeueſque
l'an 1564. touchant deux Miniſtres de Cambrige, qui
y auoient eſté examinez ſur pluſieurs articles, &
finalement dépoſez. Monſieur l'Archeueſque reſ-
pondit, ſur le ſubiet qu'en la forme & maniere de
proceder, ce Seigneur ſe trompoit. car aucun des articles touchant la partie de quelque ſorte, ſoit pour
la vie, la liberté ou le ſcandale, elle pouuoit refuſer
de reſpondre, & n'y eſtoit aucunement forcée, &
quant à la lettre, puis que c'eſtoit choſe arriuée vingt

G ii   ans

ans paſſez: Il ne pouuoit parler des particularitez,
Mais ſi la reſponſe à ladicte lettre ſe pouuoit trouuer,
il ne faiſoit doute que comme il auroit donné ſatisfa-
ction a cét honorable Conseiller quand il viuoit, auſſi
quelle eſclairciroit ſuffisamment ceſte plainte faicte
deuant ſa Majeſté.

L'Eueſque de Londres, pour le regard de la ſubscription, monſtra à ſa Majeſté trois articles que les Eccleſiaſtiques d'Angleterre doiuent approuuer par leur
ſignature, nommement la ſuperiorité du Roy, les articles de la Religion, & le liure des Prieres publiques,
ce qu'il pleut à ſa Maieſté de lire: & apres auoir dict,
comme en paſſant, que la mention du ſerment *ex officio*, auoit eſté faite vn peu trop toſt, il s'eſtendit ſur
la neceſſité de la ſubscription en toute Egliſe bien
gouuernée, qu'il la failloit retenir pour le bien de la
paix: car comme les loix, qui defendent de tuer, pre-
uoient qu'il n'y ait point de querelle, auſſi pour preuenir au desordre de l'Egliſe, la ſubscription eſtoit
neceſſaire. 2. Parce que les Eueſques ſont responſa-
b'es des Miniſtres qu'ils admettent en leurs dioceſes,
il ſeroit plus à propos d'eſcrire pour luy l'inclination
de la partie auant que la receuoir: & pour preuenir
les actions futures il failloit mettre en auant la ſubſcription de ſon entrée, d'autant que *Turpius eijcitur,
quam non admittitur hoſpes.* 3 Cóme la ſubscription étoit
vn bon moyen, pour diſcerner & reconnoiſtre l'humeur des perſonnes, ſi elles ſont paiſibles ou turbulentes, ioinct que c'eſt le principal chemin pour eſuiter
confuſion: concluant que ſi aucuns apres que les affaires ſeroient bien ordonnez, ne vouloient demeurer
en paix & teſmoigner ſon obeiſſance, l'Egliſe ſeroit
mieux ſans luy, & meriteroit eſtre pendu, *praſtat vt
pereat vnus quam vnitas.*

Touchant le ſerment *ex officio*, Monſieur le Chancelier,

lier, & apres luy monſieur le Treſorier parla, tant de
la neceſſité, que de l'vſage d'iceluy, en diverſes Cours
& cas. Mais ſa Maieſté preuenant cette vieille alle-
gation, *Nemo cogitur detegere ſuam turpitudinem*, dit,
que les procedures ciuiles, puniſſoient ſeulement les
faits: mais és Cours Eccleſiaſtiques, eſtoit requis que
diffamation & ſcandalle fuſſent reprimez, à quoy
étoit neceſſaire le ſerment de purgation, & le ſerment
ex officio & neantmoins qu'on y deuoit apporter beaucoup de moderation *in grauioribus criminibus*, & és
lieux qui ſont publics, en diſtinguant de renommée
publique cauſée ou par les deportemens dereglez du
delinquant, ou par la procedure indiſcrette à l'enque-
ſte & iugement de l'affaire, comme particulierement
en Eſcoſſe, ou la faute commiſe auec vne fille, quoy
que ſecrettement faicte, ou ſoupçonnée ſemblablement de deux ou trois perſonnes, demeuroit publique, & comme au Roy, la Royne, aux Princes à toute
la Cour, en amenant les parties au ſiege de penitence,
& toutesfois ce n'eſt le plus ſouuent qu'vn ſoupçon.
Et icy ſa Maieſté repreſenta ſi dignement le ſerment
ex officio, premierement pour le fondement d'icelluy:
ſecondement la prouidence de la loy en cette affaire:
& tiercement la forme de proceder en cecy eſt le neceſſaire & proffitable effect d'iceluy ſi briefuement
en bel ordre, que tous les Seigneurs, & autres aſſiſtans en reſterent eſtonnez. Mais l'Archeueſque de
Cantorbye, dit tout haut, que ſa Maieſté parloit par
aſſiſtance ſpecialle de l'Eſprit de Dieu, l'Eueſque de
Londres à genoux, proteſta que ſon cœur fondoit de
ioye en luy meſmes, comme auſſi il ne doutoit qu'il
n'en fuſt ainſi en toute la compagnie, & ſe haſte de
reconnoiſtre deuant Dieu, la ſinguliere grace, que
nous receuons de ſa main de nous auoir donné vn tel
Roy, que depuis le temps de Ieſus Chriſt il ne croyoit
auoir

auoir esté le semblable: à quoy les Seigneurs d'vne voix, & auec acclamation s'accorderent tous les Docteurs, & confesserent, qu'ils n'eussent peu en si peu de temps discourir si judicieusement, claitement, & exactement.

Finallement sa Majesté commit certaines affaires d'importance aux Seigneurs & aux Euesques, à examiner touchant l'excommunication en choses legeres pour en changer le nom ou la censure. 2. Touchant la haute Commission pour reigle, la qualité des personnes, & la nature des affaires, qui y deuront estre traittées. 3. Pour ceux qui refusent de communier, dont y a de trois sortes, dit sa Majesté, des Papistes, aucuns desquels vont au sermon : mais non aux seruices & aux prieres, autres qui vont à tous les deux, mais non à la communion: autres qui s'abstiennent de l'vn & de l'autre : qu'il fust faict enqueste de tous ceux qui sont du premier, second & troisiesme rang: concluant qu'il falloit que les infirmes, fussent informez, & les opiniastres chastiez.

Puis monsieur le Chancellier fit mention du mandement de *excommunicato capiendo,* que ledict sieur Chancelier dit fascher fort les Papistes, par dessus toutes autres punitions: d'autant qu'ils ne pouuoient à raison de cela faire testament &c. pourtant s'il plaisoit à sa Majesté il donneroit ordre que le mandement feroit enuoyé, contre ces gens là librement & sans despens, & s'il n'estoit executé qu'il feroit mettre les Visbaillifs en prison, ce que sa Maiesté trouua bon.

La 4. chose à consulter estoit pour enuoyer & ordonner des Prescheurs en Irlande, à quoy dit sa Majesté, Ie ne suis Roy qu'á demy estant souuerain sur leurs corps, mais non de leurs ames seduites par le Papisme, dont il auoit compassion, asseurant que là ou la vraye Religion n'est point, il n'y a point de certaine

taine obeïſſance, & non ſeullement pour l'Irlande, mais auſſi pour partie du pays de Galle & de la frontiere Septentrionalle, ainſi nommée autrefois, quoy que maintenant elle ne le ſoit plus, & qu'il failloit y enuoyer des gens qui ne feuſſent ny factieux ny ſcandaleux: car meſchantes herbes ſeront touſiours meſchantes herbes, quelque part qu'elles ſoient: & ne ſont bonnes a rien qu'à eſtre jettées par deſſus les murailles: pourtant falloit il choiſir gens de bien, de ſçauoir, & de courage.

Le dernier fut touchant quelque prouiſion ſuffiſante pour l'entretenement du Clergé, & quand & quand pour reſtablir vn ſçauant & laborieux Miniſtre en chaſque parroiſſe, autant que ce temps le permettra.

A tout cecy ſa Majeſté commanda que certains Commiſſaires de ſon Conſeil, & des Eueſques ſeroient ordonnez par les Seigneurs auant que ceſte aſſemblée fuſt renuoyée.

Et ainſi ayant conferé de tous ces points auec les Eueſques, il en remit aucuns, comme vous venez d'entendre, a certains Commiſſaires. Sa Maieſté commanda de faire entrer le Docteur Regnold, & ſes aſſociez, auſquels il diſt auſſi toſt ce qui auoit eſté fait, & voulut qu'on leur fiſt lecture des explications, ou mutations qu'on auoit faites. Mais il y eut quelque petite confuſion touchant les parolles de Mariages, *de mon corps ie thonore*, & fut dit que par ces mots n'eſtoit entendu autre choſe que ce que S. Paul ordonne Gal. 4. Le mary recognoiſſant par là qu'il honore ſa femme quand il approprie ſon corps & le donne à elle ſeule & rien plus: que ce que S. Pierre conſeille, 1. chap. 3, que le mary rende honneur à ſa femme, comme au vaiſſeau plus fragille. Toutesfois pour leur contentement on y mettroit *de mon corps ie te reſpecte & honore*, ſi on le trouve à propos: & ainſi ſa Maieſté

fit

fit fin, auec vne tres belle exortation aux deux parties de feruir & accorder, d'vfer de diligence chacun en fa charge, fans violence d'vne part ou defobeïffance de l'autre, les coniurants d'en traitter auec leurs amis par tout: Car fa Maiefté craignoit, & en auoit def-ia l'experience que plufieurs d'entr'eux eftoient chatouilleux & fantafques, trauaillant mefmes à peruertir les autres, & voyoit maintenant que ce que on trouuoit à dire à aucnnes des Prieres publiques ne partoit que de foibleffe, pourtant fi les Contredifans font perfonnes difcrettes, il y a efperance qu'ils feront enfeignez & ramenez par perfuafions indifcrettes. Il feroit meilleur qu'ils fuffent demis de leurs charges, car plufieurs par leurs factieux comportemens eftoient enfin deuenus Papiftes : maintenant par leurs fruits, il les pourra deferuir, obeïffance & humilité eftans les marques des gens de bien, les vertus qu'il attendoit d'eux & par leurs exemples & perfuafions de toutes fortes de perfonnes. Car les chofes eftans en apres bien reiglées, & que neantmoins ils continuaffent d'eftre turbulents, ny fa Maiefté, ny l'eftat n'auroit fuiet de bien efperer d'eux, à quoy tous vnanimement s'accorderent: n'ayant contredit à chofe aucune qui auoit efté ditte ou faicte, ains promirent de rendre tout deuoir aux Euefques, comme à leurs peres reuerens, & de fe ioindre à eux contre leurs communs aduerfaires pour la paix de l'Eglfe: Seulement maiftre Chaterton du college Emanuel, fe mettant à genoux, requit qne le poft du furplis, & l'vfage de la croix au Baptefme, ne fuft point commandé à quelque honnefte pieux & diligent Miniftre de la Prouince de Lancafter, qu'ils craignoient s'ils y eftoient forcez, que plufieurs qu'ils auoient gaignez à l'Euangile, fe reuolteroient derechef à la Papauté: & en particulier nomma le Vicaire de Cathefdale:

Il ne pouuoit se rencontrer sur vn pire, d'autant que quelques années auparauant il fut accusé pardeuant Mr l'Archeuesque, lequel auec Mr le Chancellier disoit estre chose vraye d'auoir commis par son inreuerence & inciuilité au fait de l'Eucharistie, prenant le pain dàns vn panier, & y laissant mettre la main à chacun pour en prendre son morceau, rendit plusieurs personnes allienez de la saincte communion, mesmes d'aller plus à l'Eglise: Sa M. répondit, Que ce n'estoit son dessein & osoit mesmes respondre pour les Euesques, que ce n'estoit leur intention presentement, & sur le champ de faire receuoir des choses par force, sans admonitions paternelles, conferences & persuasions, plustost desiroit qu'on aduisast que si les gens par leurs predications & diligences auoient conuerti, aucuns de la Papauté, & qu'ils fussent d'ailleurs gens de naturel paisible, de bonne vie & diligence en leur vacation, on escriroit à l'Euesque de Chester, duquel sa Maiesté rendist vn tres bon tesmoignage à cet effet, sinon s'ils estoient d'esprit broüillon & contre disans, tant eux que autres de semblable humeur, qu'ils fussent sur le champ forcez à la conformité: & ainsi ce point fut conclud que Mr l'Archeuesque escriroit à l'Euesque de Chester en ce sujet.

Monsieur l'Euesque de Londres repliqua, que si cela estoit accordé, la copie de ces lettres, sur tout si elles estoient emanées de sa Majesté, comme il auoit esté proposé au commancement, couroit par toute l'Angleterre, & les autres en leur exemple feroient la mesme requeste, & ainsi demeureroit cette conference sans fruict, ou seroient les choses pires qu'au commencement: pourtant supplioit tres humblement sa Majesté, de limiter vn temps dans lequel ils se reduiroient à cette conformité: à quoy sa Majesté, s'accor-

da aussi tost, & ordonna que l'Euesque en son diocese leur prescriroit le temps, & cependant on conferre-
roit auec eux, & s'ils ne s'y rangeoient de quelque
qualité qu'ils fussent, ils seroient demis de leurs
charges apres le temps expiré.

Non plustost fust le propos fini, que Mr Kerosouh
se jette sur son genoüil en terre & requist le mesme
respect pour aucuns honnestes Ministres de Suffolk,
disant au Roy que cela feroit tort à leur reputation au
pays, d'estre forcez maintenant au surplis, & à la
croix, & au Baptesme.

Monsieur l'Archeuesque cõmença à dire non quand
sa Maiesté luy dict, laissez moy parler à luy: Monsieur, dict le Roy, vous vous monstrez vn homme
sans charité, nous auons icy pris de la peine, & enfin
auons resolu vne vnité & vne vniformité, & vous irez
preferer la reputation de certains particuliers à la paix
generale de l'Eglise: voyez iustement l'argument
d'Escosse. Car quand il se prenoit quelque resolution
qui ne plaisoit à ses messieurs, l'vnique raison pourquoy ils n'y vouloient obeïr, estoit que cela prejudi-
cioit à la reputation, d'acquiescer apres si longuement
auoir soustenu le contraire. Ie n'en veux plus ouyr
parler, dit le Roy: & pourtant qu'ils se conforment
& bien tost, où ils en orront parler, Monsieur Cecille ramenteut lors, à sa Maiesté, vn mot qu'elle
auoit dit le jour precedent: assauoir de ces communions ambulatoires: disans que l'indecence d'iceluy
offensoit beaucoup de gens & en auoit esloigné plusieurs de l'Eglise. On toucha aussi au sieur Chaterton
des communions seantes au College Emanuel, ce
qu'il dit estre à raison des sieges ainsi placez comme
ils sont, & que neantmoins ils vsoient aussi d'age-
nouillemens.

Pour fin tous ensemble promirent d'estre paisibles

&

& obeïſſans, maintenant qu'ils ſçauoient eſtre ſa
Majeſté, de telle volonté, de laquelle la concluſion
gratieuſe, les touchaſt au vif, que cela leur tira les lar-
mes des yeux aux vns & aux autres. L'Eueſque de
Londres au nom de la compagnie, mit fin à tout autre action de graces à Dieu pour ſa Majeſté és prieres
pour ſa ſanté & proſperité de la Reyne, & de toute
ſa royalle poſterité.

Sa Majeſté s'eſtant retirée en ſa chambre priuée,
tous les Seigneurs auſſi toſt s'en allerent à la chambre du Conſeil pour nommer des Commiſſaires afin
de trauailler aux affaires cy-deſſus.

F I N.

LES CANONS ACCORDEZ
au Synode de Londres ſur la reformation
de l'Egliſe au Royaume d'Angleterre.

IACQVES, Par la grace de Dieu Roy d'Angleterre, d'Eſcoſſe, & d'Irlande, defenſeur de la foy,
&c. A tous ceux qui ces preſentes lettres verront,
Salut. Comme ainſi ſoit que nos Eueſques, Doyens
des Egliſes Cathedrales, Archidiacres, Chapitres &
Colleges, & autres Eccleſiaſtiques, de chacun dioceſe, dans la Prouince de Cantorbye appellez & con-
uoquez en vertu de noſtre breuet, adreſſé au Reuerend Pere en Chriſt Iehan nagueres Archeueſque de
Cantorbye, & donné le 21, jour de Ianuier la premiere année de noſtre regne d'Angleterre, & Irlande,
& 37 d'Eſcoſſe, afin de comparoiſtre deuant nous en
noſtre Egliſe Cathedrale de S. Paul de Londres, au
20. jour de Mars ſuiuant, ou ailleurs, comme il nous
ſemble eſtre plus expedient: pour traicter, conſentir

H ii &

& conclure de quelques difficultez & affaires vrgentes couchées en noftre breuet. Et pour cefte caufe au
temps arrefté dans ladite Eglife Cathedrale de S.
Paul, ils fe feroient affemblez & auroient comparus
au mandement pour ladicte fin fuiuant noftre breuet,
deuant le tres-reuerend Pere en Dieu Richard Euefque de Londres, par noftre fecond breuet donné le 9.
iour dud ct mois de Mars, deüement authorifé, defi-
gné & conftitué par la mort du mefme Archeuefque
pour Prefident de ladite conuocation, pour expedier
toutes les chofes qu'en vertu de noftre premier breuet eut deu expedier led t Archeuefque s'il euft vefcu.
Nous pour les diuerfes vrgentes & grandes caufes &
confiderations à ce nous mouuant principalement de
noftre grace fpeciale, fcience certaine, & propre
mouuement en vertu de noftre prerogatiue Royal, &
fuprefme authorité aux caufes Ecclefiaftiques, auons
donné & permis par nos diuerfes lettres pattentes
fous noftre grand feau d'Angleterre, dont les vnes
font données le 12. d'Auril pretendu, & les autres le
25. de Iuin immediatement fuyuant, pleine entiere
& legitime liberté, licence, puiffance, & authorité,
audict Euesque de Londres, Prefident en ladicte conuocation, & aux autres Euefques, Doyens, Archidiacres, Chapitres & Colleges, & tous Ecclefiaftiques
fufnommez de la prouince fufdicte, de pouuoir de
jour en iour pendant noftre premier Parlement (qui
eft maintenant prolongé) traitter, conferer, confi-
derer, confulter, difputer, & conuenir fur tels canons,
ordres & conftitutions, qu'ils iugeront neceffaires
apres & conuenantes pour l'honneur & feruice de
Dieu tout puiffant, le bien & le repos de l'Eglife, &
pour le meilleur reglement: Lefquels Canons de
temps en temps feront obferuez, accomplis, tenus, &
gardez tant par les Archeuefques de Cantorbie, Euef-
quest

ques & succeſſeurs & tout le Clergé de ladite Prouince de Cantorbie, en leurs vocations ſeparées, offices, functions, miniſtéres, ordres & adminiſtra-
tions, comme auſſi par tous les Doyens des Iuges
Eccleſiaſtiques, appellez Dearques, & autres Iuges
des Cours dudit Archeueſque, Gardiens des ſpiritua-
litez, Chanceliers, Doyens Chapitres, Archidiacres,
Commiſſaires, Officialitez, Regiſtres, & de tous autres officiers d'Egliſe & de leurs Miniſtres inferieurs
quelconques en ladicte Prouince de Cantorbye, vn
chacun de leurs Cours ſeparées & en l'ordre & façon
de proceder qu'vn chacun d'eux a accouſtumé de tenir
& garder, & toutes autres perſonnes, dans ce
Royaume, entant qu'elles les regarderont comme
membres de l'Egliſe, ſelon que plus amplement il appert entre autres choſes de nosdictes patentes.

Et pour autant que ledict Eueſque de Londres Preſident en ladite conuocation & les autres dits Eueſques, Doyens, Archidiacres, Chapitres & Colleges
auec le reſte du Clergé, ſe ſeroient aſſemblez audict
lieu, où & alors ils ont traicté en vertu de noſtredicte
authorité à eux concedée, conclu, & conuenu ſur
quelques Canons, ordres, ordonnances, & conſtitutions à la fin & au but par nous limité & à eux preſcript, & nous auroient offert & preſenté ce qu'ils ont
traitté: nous ſuppliants humblement de leur donner
noſtre royal conſentement ſur lesdicts Canons, ordonnances & conſtitutions ſelon la forme d'un certain
ſtatut & arreſté du Parlement fait pour ceſte fin le xxv.
an du Regne du Roy Henry huictiéme, & le ratifier
par la iuſte prerogatiue Royale & ſupreme authorité
aux choſes Eccleſiaſtiques, & de les confirmer par nos
lettres patentes ſous le grand ſeau d'Angleterre.

Le tiltre & teneur en eſt verbalement comme il s'en-
ſuit.

Conſti-

Conſtitutions & Canons Eccleſiaſtiques traittez par l'Eueſque de Londres Preſident à la conuocation de la prouince & par les autres Eueſques de la meſme prouince & deſquels on s'eſt accordé par la licence de ſa royale Maieſté en leur Sinode commencé à Londres, l'an du Seigneur 1603. & du Regne de noſtre ſupreme Seigneur Iaques par la grace de Dieu d'Angleterre, & Irlande le premier: d'Ecoſſe 37.

CANON I.

De l'Egliſe d'Angleterre.

L'Authorité ſupreme du Roy ſur l'Egliſe d'Angleterre aux choſes Eccleſiaſtiques ſe doit defendre & ſouſtenir. Selon noſtre deuoir enuers la tres-excellente Majeſté du Roy, nous ordonnons que l'Archeueſque de Cantorbye de temps en temps & tous les Eueſques de ceſte prouince, tous les Doyens, Archidacres, Curez, & Vicaires, & tous autres perſonnes Eccleſiaſtiques garderont & obſerueront fidelement, & entant qu'ils pourront, feront garder & obſeruer toutes les loix, & ſtatus pour remettre & reſtablir l'antique juriſdiction de la couronne de ce Royaume pour l'eſtat Eccleſiaſtique, & d'abolir toute puiſſance de dehors qui luy ſera contraire. En outre toutes perſonnes Eccleſiaſtiques qui ont ſoin des ames & tous les Predicateurs, Profeſſeurs de Theologie, juſques au dernier pouuoir de leur eſprit, ſcience & doctrine purement & ſincerement (ſans couleur & diſſimulation quelconque) enſeigneront, manifeſteront deſcouriront & declareront pour le moins quatrefois tous les ans en leurs ſermons & autres conferences & leçons: Que toute puiſſance eſtrangere & vſurpée (a cauſe que telle puiſſance par la loy de Dieu n'a aucune aſſeurance ni fondement) pour des raiſons tres-juſtes, eſt abrogée & abolie, & que pour ceſte cauſe on ne doit aucune obeiſſance à autre telle puiſſance foraine ne dans les Royaumes & terres de ſa Majeſté, Mais que la puiſſance du Roy dans les Royaumes d'Angleterre, d'Eſcoſſe, & d'Irlande, & toutes autres ſiennes terres eſt vne ſupreme autorité ſous Dieu, à qui tous hommes tant habitans que nez auſdits lieux par loy diuine, doiuent vne treſgrande ſubiection, loyauté & obeiſſance, devant & ſur toutes autres puiſſances & Potentats de la terre.

CANON II.

Les Impugnateurs de la ſupreme autorité du Roy aux choſes de l'Egliſe cenſurez.

QViconque dorenauauant dira que la Maieſté Royale n'a pas la meſme autorité aux choſes Eccleſiaſtiques, qu'auoient entre les Iuifs les Roys deuots, & en l'Egliſe primitiue les Empereurs Chreſtiens, ou empeſchera en quelque partie ſa Royale ſuperiorité aux dittes cauſes reſtituées à la couronne, & par les loix de ce Royaume icy eſtablies, qu'il ſoit pour ce fait excommunié & qu'il ne ſoit reſtitué que par le ſeul Archeueſque apres ſa reſipiſcence & publicque reuocation de ſes meſchantes erreurs.

CANON III.

Egliſe d'Angleterre vraye & Apoſtolique Egliſe.

QViconque par cy apres dira que l'Egliſe d'Angleterre eſtablie par les loix ſous la Maieſté du Roy, n'eſt pas la vraye & Apoſtolique Egliſe qui enſeigne & ſouſtient la doctrine des Apoſtres, que pour ceſte cauſe il ſoit excommunié, & qu'il ne ſoit reſtitué, que par le ſeul Archeueſque, apres ſa reſipiſcence & publique reuocation de ſes meſchantes erreurs.

CANON IIII.

Les impugnateurs du public culte de Dieu eſtably en l'Egliſe d'Angleterre, Cenſurez.

QViconque à l'aduenir dira que la forme des ceremonies diuines en l'Egliſe d'Angleterre fondées

dées par loy, & contenuës dans le liure des prieres communes, que l'administration des Sacremens est corrompuë, le culte de Dieu superstitieux & illegitime, ou qu'en elle, il y ait quelque chose repugnante aux écritures qu'il soit excommunié, &c.

CANON V.

Les Impugnateurs des articles de la Religion qui sont receus en l'Eglise d'Angleterre excommuniez.

QViconquc dorenavant dira que quelqu'vn des 39 articles (desquels ont conuenu les Archevesques & Euesques de l'une & l'autre prouince, & tout le Clergé en la conuocation faicte l'an du Seigneur 1562, pour éuiter la diuersité d'opinion & pour establir un consentement aux choses de la Religion) estre superstitieux en quelques parties, erronées, & tels que l'on ne puisse y adjouster foy sans blesser sa conscience, qu'il soit excommunié de faict & ne soit restitué que par le seul Euesque.

CANON VI.

Les Impugnateurs des ceremonies establies en l'Eglise d'Angleterre, excommuniez.

QViconque dorenavant dira que les ceremonies de l'Eglise d'Angleterre par les loix establies, sont impies antichrestiennes, superstitieuses, & telles que commandées par legitime authorité des hommes pleins de zele & de pieté ne les puissent approuuer, n'en puissent vser, ou si l'occasion le requiert, y consentir, qu'il soit excommunié.

CANON VII.

Les impugnateurs du gouuernement de l'Eglise d'Angleterre par les Archeuesques, Euesques, &c, exxõmuniez.

QViconque dorenauant dira que le gouuernement de l'Eglise d'Angleterre sous sa Maiesté par les Archeuesques, Euesques, Doyens, Archidiacret & autres qui ont quelque office & dignité en

icelle

icelle, eſt Antichreſtien & repugnant à la parole de Dieu, qu'il ſoit excommunié.

CANON VIII.

Les impugnateurs de la forme de conſacrer & faire des Archeueſques, Eueſques, &c. en l'Egliſe d'Angleterre, excommuniez.

QViconque dorenauant, dira, ou enſeignera que la forme & façon de faire conſacrer les Eueſques, Preſtres & Diacres contient en ſoy quelque choſe repugnante à la parolle de Dieu, ou que ceux qui ſous telle forme ſont faits Eueſques, Preſtres & Diacres, ne ſont legitimement conſacrez, & qu'ils ne ſe doiuent point croire ny eſtre creuz par les autres Eueſques, Preſtres & Diacres, juſques à ce qu'ils ſoient auec meilleure forme appellez à ces diuins offices, qu'il ſoit excommunié.

CANON IX.

Les autheurs du ſchiſme en l'Egliſe d'Angleterre, excommuniez.

SI quelques vns dorenauant ſe ſeparoient eux meſmes de la communion des Saincts, comme il eſt approuué par les regles des Apoſtres en l'Egliſe d'Angleterre, & s'vnieront en quelque fraternité, eſtimants les Chreſtiens qui ſe conforment à la doctrine, au gouuernement & ceremonies de l'Egliſe d'Angleterre profanes, & peu idoines à quiconque ils ſe conjoignent en la profeſſion Chreſtienne, qu'ils ſoient excommuniez.

CANON X.

Les fauteurs de Schiſmatiques en l'Egliſe d'Angleterre excommuniez.

QViconque dorenauant dira que tels miniſtres, qui refuſent de conſentir à la forme & façon de culte diuin en l'Egliſe d'Angleterre preſcrite au liure de communion, & que leurs adherans puiſſent vrayes

I   ment

ment prendre le nom d'vne autre Eglise qui par les loix n'est point establie, oze dire, presumer, & publier, que leur Eglise pretenduë a long temps souspiré sous les faix de quelques afflictions qui luy ont esté faictes, & à quelques siens membres (dont a esté faict mention cy dessus) par l'Eglise d'Angleterre, & par les ordonnances & constitutions faictes en icelle, & par les loix confirmées, qu'il soit excommunié.

Canon XI.

Les fauteurs des assemblées particulieres excommuniez.

QViconque dorenauant dira & defendra qu'il y ait en ce Royaume d'autres conuentions assemblées & congregations par ceux qui sont nez subiets du Roy, que celles qui par les loix sont admises & approuuées qui puisse auoir legitimement le nom de vraye & legitime Eglise, qu'il soit excommunié.

Canon XII.

Les fauteurs des constitutions qui se font dans les assemblées priuées, excommuniez.

QViconque dorenauant dira qu'il soit licite pour quelque espece d'Officiers & personnes lays ou d'autres de s'assembler entre eux & faire des regles, ordonnances & constitutions sur les choses de l'Eglise sans l'authorité du Roy, & se soubmettre à eux pour en estre regis & gouuernez, qu'il soit excommunié.

Du culte diuin & administration des Sacremens.

Canon XIII.
La celebration du iour du Dimanche
& autres Festes.

TOutes personnes de toutes conditions dans l'Eglise d'Angleterre, doresnauant celebreront & obserueront le iour du Seigneur vulgairement appellé le Dimanche & autres Festes selon la volonté & le bon plaisir de Dieu & l'ordonnance de l'Eglise d'Angleterre.

gleterre, preſcripte, à cet effect: aſſauoir qu'ils entendront la parole de Dieu leuë & preſchée aux oraiſons particulieres & publiques: qu'ils confeſſeront leurs fautes à Dieu, & promettront l'amandement, qu'ils ſe reconcilieront charitablement à leurs prochains quand ils ſeront offenſez, qu'ils receuront ſouuent le corps & ſang de Chriſt, qu'ils viſiteront ſouuent les pauures & malades vſant d'vne pieuſe conuerſation.

CANON XIIII.

La forme preſcripte du culte diuin dont il faut vſer le Dimanche & les Feſtes.

ON dira & chantera diſtinctement & reuerement la cõmune oraiſon les iours qui ſeront recommandez comme Feſtes par le liure des prieres ordinaires, comme auſſi aux Vigiles, & temps propres, & viſitez de ces meſmes jours, & en tel lieu de l'Egliſe qu'il ſemblera plus conuenable pour la capacité où petiteſſe d'icelle à l'Eueſque du dioceſe ou l'Eccleſiaſtique, ordinaire dudit lieu, afin que le peuple en ſoit mieux edifié. Auſſi tous les Miniſtres ſemblablement obſerueront les ceremonies, ordonnances & formes preſcriptes dans le liure des prieres ordinaires, tant en liſant les eſcritures ſainctes & diſant des oraiſons, qu'en l'adminiſtration des Sacrements, ſans diminution du Preſche, ou autre reſpect, & auſſi ſans y rien adiouſter en la matiere, ou en la forme.

CANON XV.

La Letanie ſe doit dire tous les iours du Mercredy & Vendredy.

ON dira & chantera la Letanie en la forme & au temps preſcript dans le liure des communes prieres, & ce ſeront les Vicaires, Miniſtres, ou Curez, en tous les Colleges Cathedraux, Egliſes Paroiſſiennes & Chappelles, en quelque lieu conuenable, ſelon la diſcretion de l'Eueſque du dioceſe, ou de l'Ec-

I ii   cleſiaſtique

clefiaſtique ordinaire dudit lieu: & afin que nous parlions particulierement, les jours de Mercredy, & de Vendredy, toutes les Sepmaines, feſte ou non, le Miniſtre viendra en l'Egliſe, ou Chappelle aux heures accouſtumées du diuin feruice, & ayant appellé le peuple au ſon de la cloche dira les Letanies comme elles ſont dans le liure des prieres ordinaires, où nous deſirons que tous les maiſtres de famille, qui ſont à vn demy mille loin de là, y viennent, ou pour le moins y enuoyent quelques vns de leur famille, afin qu'il ſe joigne, en l'oraiſon auec le Miniſtre.

Canon XVI.
Les Colleges doiuent vſer de la forme preſcrite, du culte diuin.

EN tout le diuin feruice & adminiſtration de la ſaincte communion en tous Colleges & Sales en l'vne & l'autre Academie, l'ordre, la forme & les ceremonies s'obſerueront deuëment ſelon qu'elles ſont preſcriptes dans le liure des prieres communes, ſans aucune omiſſion ou alteration.

Canon XVII.
Ceux qui pour eſtudier viuent dans les Colleges, doiuent uſer de ſurplis pendant le diuin ſeruice.

TOus les Maiſtres & compagnons des Colleges, & Sales, & tous les bourſiers, & Eſcolliers aux deux Vniuerſitez, les iours de Dimanche & de Feſte & leurs Vigiles, dans leurs Egliſes, & Chapelles pendant le temps du diuin feruice porteront des ſurplis ſelon l'ordonnance de l'Egliſe d'Angleterre, & les graduez porteront ſurplis auec des capuchons ou des frocs qui ſeparément conuiendront à leurs charges & degrez.

CANON XVIII.

La reuerence & attention dont on doit vfer en l'Eglife pendant le temps du Diuin Service.

AV temps du feruice diuin & de toutes fes parties, il faut eftre fort reuerend, & cela felon la regle des Apoftres, que toutes chofes fe faffent decemment & par ordre, & à cefte decence & ordre, nous iugeons conformes ces enfeignemens fuiuans: Perfonne ne fe couurira en l'Eglife & Chapelle durant le feruice diuin, s'il n'eft malade, & en ce cas il vfera d'une calotte. Tout genre d'hommes alors prefens feront à genoux & demeureront toufiours agenouillez pendant que la confeffion generalle, les Letanies & autres prieres feront leuës, & demeureront tout droit quand on dira le Symbole, felon les Regles faictes à cefte intention contenues au liure des prieres communes. Et femblablement quand durant le diuin feruice on nommera (*Dominus Iefus*) tout le monde prefent fera vne humble reuerence comme c'eft la couftume, tefmoignant par ces ceremonies exterieures l'humilité interieure, refolution chreftienne, & que l'on connoit deuëment que le Seigneur Iefus Chrift eft le vray Fils Eternel de Dieu, qu'il eft feul Sauueur du monde, en qui feul toutes les mifericordes, les graces, & prouidences de Dieu enuers le genre humain pour cefte vie & l'Eternelle font pleinement comprifes, nuls hómes ny femmes ny enfás, de quelque vocation qu'ils foient ne feront occupés à autre chofe pendant ce téps qu'à ouyr ententiuement, obferuer & auoir l'efprit à ce que fe lit, fe prefche, ou s'adminiftre, difant en fon lieu & temps à haute voix auec le Miniftre la confeffion, l'oraifon dominicale & le Symbole, & ainfi refpondre aux prieres publiques comme il eft ordonné dans le liure des prieres ordinaires. On ne troublera point auffi le feruice, ou la predication en fe pourmenant, deuifant, sant, ou en quelque autre façon, & on ne sortira point de l'Eglise durant le seruice diuin & le sermon sans cause pressante & raisonnable.

CANON XIX.

On n'endurera point les fayneants & causeurs aupres de l'Eglise pendant le seruice diuin.

LEs Marguilliers de l'Eglise ou les Sacristains & leurs consors n'endureront personne d'oysiueté au Cymetiere ou autour de l'Eglise pendant le seruice diuin, ou le sermon, mais les feront entrer ou se retirer.

CANON XX.

Il faut preparer du pain & du vin pour toutes les communions.

LEs Marguilliers de chaque Parroisse aux despens de la parroisse auant le iour de communion auec l'aduis & ordonnance du Ministre pouruoient de quantité suffisante du meilleur pain blanc & de bon & sain vin, selon le nombre des communians qui se presenteront de iour à autre, lequel vin nous voulons estre apporté aux tables de la communion en vn vaisseau net grand & haut, d'estain ou d'autre meilleur metail.

CANON XXI.

La communion se fera trois fois l'année.

EN toutes les parroisses ou Chappelles où il faut administrer les Sacremens en ce Royaume, la sacrée communion sera administrée par la personne, son Vicaire, ou Ministre autant de fois & en tels temps que tous les parroissiens puissent communier au moins trois fois l'année, en sorte que la feste de Pasques en soit du nombre, comme il est ordonné au livre des communes prieres, à condition que tous les Ministres autant de fois qu'ils administreront la communion ils receuront les premiers le Sacrement:

&

& d'auantage ils n'vseront de pain ny de vin recentement apporté sinon qu'auparauant les mots de l'institution soient proferez lors que le pain & vin seront presentez sur la table de la communion. Outre le Ministre baillera le pain & le vin separément à tous les communians.

CANON XXII.

Aduertissement se fera du iour de communion.

PArce que toutes les personnes laicques sont tenus receuoir la saincte communion trois fois l'année, & toutes fois plusieurs ne reçoiuent pas seulement ce Sacrement vne fois l'année, nous commandons à tous les Ministres d'admonester publiquement leurs parroissiens en l'Eglise, au temps des matines les Dimanches precedents, chaque administration dudit saint Sacrement, pour mieux & plus dignement s'y preparer, laquelle admonition nous enjoignons estre acceptée par lesdits parroissiens, & qu'ils y obeyssent sous les peines & perils des loix.

CANON XXIII.

Les Boursiers & escoliers des colleges receuront la communion quatre fois l'année.

EN tous les colleges & retraictes particulieres d'escoliers nommées vulgairement Aulæ, en l'vne & l'autre vniversité, les principaux maistres & boursieurs, ceux principalement qui ont charge des enfans, auront soin que leurs escolliers & tous ceux qui demeurent auec eux soient nourris & instruits entierement, & sincerement és points de la religion, & qu'ils frequentent diligemment le seruice public, & les Sermons, & reçoiuent la saincte communion: laquelle nous ordonnons estre administrée en tous les Colleges & retraictes particulieres desdits escolliers le premier ou second Dimanche, de tous les mois, requerans que tous lesdits maistres, principaux boursiers,

siers, escolliers, & tous autres estudians, Officiers &
seruiteurs soient ainsi reglez & ordonnez, qu'vn chacun d'eux communie au moins quatre fois l'année à
genoux auec toute reuerence & decence, selon l'ordre
prescript au liure de la communion touchant ceste
matiere.

CANON XXIIII.

Il faut que ceux qui administrent la communion des Egli-
ses Cathedrales soient reuestus de chappes.

EN toutes les Eglises Cathedrales, & Collegiales
la sacrée communion sera administrée és principaux jours de Festes quelque-fois par l'Euesque s'il y
est present, quelque fois par le Doyen, quelque fois
par vn Chanoine ou prebendé, le principal Ministre
vsant d'vne chappe honneste, lequel soit assisté de
celuy qui lit l'Euangile, & celuy qui lit l'Epistre, lesquels soient pareillement reuestus de chappes selon
l'admonition publiée le 7. an d'Elizabet. Et laditte
communion sera administrée à tel jour, & à telle limitation qu'il est porté au liure des prieres communes. A condition que nulle telle limitation ne soit
admise par aucune construction, que tous les Doyens,
Gardiens Maistres ou superieurs des Eglises Cathedralles ou Collegiales, les Prebendez, Chanoines,
Vicaires, Sous chanoines, Chantres, & tous autres
qui sont de fondation, reçoiuent la communion, au
moins quatre fois tous les ans.

CANON XXV.

Il faut porter les surplis & le chapperon, és Eglises Cathe-
drales lors qu'il n'y a point de Communion.

AV temps des diuins seruices, & prieres en toutes
les Eglises Cathedrales & Collegiales lors qu'il
n'y a point de communion, il suffira de porter le surplis sinon que les Doyens les Maistres, & principaux
des Eglises Collegiales, les Chanoines, & prebendez
graduez,

graduez, touſiours au temps des prieres & ſermons,
porteront auec le ſurplis tels ornemens qu'il conuient à leurs degrez.

CANON XXVI.

Les pecheurs publics & notoires ne ſeront admis à la Com-
munion.

NVL Miniſtre n'admettra en aucune maniere à
la reception de la ſacrée communion aucunes
des brebis qui ſont commis à ſa charge ſans reſipiſcence & amendement qui ſoient conneuës notoirement
en peché, ny aucun qui malicieuſement, & publiquement ayent debats & querelles auec leur prochain,
juſques à ce qu'ils ſoyent reconciliez.

Ny aucuns Marguilliers & aduertiſſeurs qui ſont
tenus par ſerments de denoncer aux Ordinaires toutes
telles offenſes publiques, deſquelles ils ſont obligez
de s'enquerir particulierement chacun de ſa Parroiſſe
(nonobſtant leſdits ſerments, leſquels eſtant fidelle-
ment gardez ſeront moyens principaux pour corriger
les pechez & offences publiques) encourront l'horri-
ble crime de periure ſciemment & volontairement,
deſeſperement, & irreligieuſement, en refuſants &
negligeants de faire rapport de telles enormitez &
publiques offenſes, leſquelles ils entendront auoir
eſté commiſes en leurſdictes paroiſſes, ou qui ſeroient
notoirement ſcandaleuſes à la congregation de leurſdictes Parroiſſes, combien qu'ils ſoyent excitez par
quelques vns de leurs voiſins, ou du Miniſtre, ou du
meſme Ordinaire, d'en deſcharger leur conſcience,
en denonceant leſdits pechez, & de ne ſe laiſſer tomber ſi deſeſperement en cét enorme crime de periure.

CANON XXVII.

Les Sciſmatiques ne ſeront admis à la Communion.

NVl miniſtre en celebrant la Communion ne la
donnera ſciemment à aucuns qui ne ſoient à ge-

noux, ſous peine d'eſtre ſuſpendus ny à ceux qui refu-
ſeront d'aſſiſter aux prieres publiques ſelon l'ordre de
l'Egliſe Anglicane, ſous la meſme peine ny à ceux
qui ſont nottoirement & ordinairement cogneus de-
prauer le liure des communes Prieres, & adminiſtration des Sacrements, & ordonnances, & ceremonies
portées par iceluy, ou qui deprauent quelque choſe
contenuë en aucuns des articles deſquels il auoit eſté
conclu en l'aſſemblée du Clergé de l'an 1562. ou
quelque choſe contenuë dans le liure de l'ordination
des Preſtres & Eueſques.

Ny a aucuns qui ont mal parlé & detracté de la ſupreme authorité de ſa majeſté, és cauſes Eccleſiaſtiques, ſinon que toute telle perſonne aye premierement recogneu ſa faute, & en ſoit venuë a reſipiſcence
deuant le Miniſtre, & Marguilliers de l'Egliſe, & pro-
metre de parler s'il ne ſçait eſcrire, qu'il n'y tombera
plus, & qu'il ne ſigne le meſme de ſon ſigne, s'il ſçait
eſcrire: & qu'il baille ceſte promeſſe ainſi luy ſignée
au Miniſtre, & ſoit enuoyée par ledit Miniſtre à l'E-
ueſque & ordinaire du lieu, touſiours ſous condition
que tous les miniſtres remettant en ceſte façon aucuns, comme il a eſté dit cy deſſus, ou en ceſte con-
ſtitution, ou en la precedente, doiuent la complaincte
eſtant formée, ou eſtant requis de l'ordinaire, luy
ſignifier la cauſe de ce refus, & obeir en cela à l'ordonnance de ſon Ordinaire.

CANON XXVIII.

Ne ſeront admis aucuns à la communion que ceux qui ſeront
de la paroiſſe.

LES Marguilliers & ceux qui leurs aſſiſtent pren-
dront garde auec le Miniſtre ſi tous les parroiſſiens en general & en particulier frequentent tous
les ans la ſainte Communion, autant de fois qu'il eſt
enjoinct par les loix, & conſtitutions, & ſi quelques
externes

externes viennent fouuent & communemenr des autres parroiſſes à leurs Egliſes, & feront ſçauoir à leur
miniſtre qu'ils ſont, de peur qu'ils ne ſoient admis à
la table du Seigneur auec les autres: ce qu'ils defen-
dront, & les renuoiront à leurs Parroiſſes, Egliſes, &
miniſteres, afin que là ils reçoiuent la Communion
auec leurs voiſins.

CANON XXIX.

Les peres ne pourront eſtre parrains de leurs propres enfans
qui ne ſont encores communians.

NVl Pere ſera contraint d'eſtre preſent, ou admis
pour Parrain à ſon enfant propre, & ne ſera
permis à aucun Parrain ou Marraine, de faire autre
reſponſe, ou de tenir autre diſcours que celuy qui eſt
preſcript pour ce ſujet dans le liure des Prieres communes: & perſonne ne ſera admis pour Parrain, ou
Marraine d'aucun enfant au Bapteſme, ou à la confirmation, auparauant qu'il ait reçeu la ſacrée Communion.

CANON XXX.

L'vſage legitime du ſigne de la Croix au Bapteſme eſt de-
claré.

NOus ſommes fachez que le grand ſoing qu'a
pris ſa Majeſté en la Conference tenuë à Ham-
ptoncourt, entre pluſieurs autres points touchant celuy cy, ſçauoir du ſigne de la Croix au Bapteſme, a
eſté de ſi peu de profit, qu'iceluy vſage du ſigne de la
Croix au Bapteſme, eſt touſiours impugné & debattu.

Donc pour plus claire explication du vray vſage de
cette ceremonie, & oſter tout ſcrupule qui pourroit
troubler la conſcience des vrais religieux enſuiuans la
trace de noſtre Roy tres-digne, par ce que en cela il
ſuit les regles de la ſainɛ̃te eſcriture & la pratique de
l'Egliſe premitiue, Nous recommandons, à tous vrais
membres de l'Egliſe d'Angleterre, ces noſtres regles
& enſeignemens,   K ii II

Il faut en premier lieu obſeruer que combien que les Iuifs & Payens ſe ſoient touſiours mocquez tant des Apoſtres que des autres Chreſtiens, parce qu'ils ont preſché & creu en celuy qui a eſté attaché en Croix, toutes fois tant s'en faut que ny les Apoſtres, ny les autres Chreſtiens, ayent perdu courage, ou ayent defailly de leur profeſſion pour l'ignominie de la Croix, que au contraire ils ſont glorifiez & rejouys.

Voire meſme le S. Eſprit a tant honoré ce nom par la bouche des Apoſtres, au lieu que les Iuifs l'auoyent en haine, qu'il a voulu que ſous iceluy nom ſeulement Ieſus Chriſt crucifié, mais auſſi la force, les effets & merites de la mort & paſſion d'iceluy, auec toutes les conſolations, fruits & promeſſes que nous receuons, ou attendons, fuſſent compris.

En ſecond lieu l'honneur & dignité du nom de la Croix, a mis en ſi grande eſtime & prix le ſigne d'icelle, dés le temps meſme des Apoſtres que les Chreſtiens immediatement apres iceux en ont vſé en toutes leurs actions: de là en faiſant profeſſion au dehors, de ſorte que les Iuifs ont eſté eſtonnez de ce qu'ils ne rougiſſoient point de reconnoiſtre pour leur maiſtre & Sauueur celuy qui auoit ſouffert mort en Croix pour eux.

Et n'ont ſeulement vſé de ce ſigne auec gloire quand ils ont eſté rencontrez des Iuifs, mais auſſi ont marqué d'icelui leurs enfans quand ils ont eſté faits Chreſtiens, afin que par icelle marque il les dediaſſent au ſeruice de celuy duquel le nom de Croix, repreſentoit les benefices à eux conferez au Bapteſme.

Et cet vſage du ſigne de la Croix au Bapteſme s'obſeruoit tant par les Grecs, que par les Latins en la premitiue Egliſe d'vn meſme accord, & auec grand applaudiſſement: Auquel temps ſi quelques vns ſe

fuſſent

fuſſent oppoſez, ſans doute ils euſſent eſté punis, comme ennemis du nom de la Croix, & par conſequent
des merites de Ieſus Chriſt, le ſigne de laquelle, ils
n'euſſent peu ſouſtenir. Cet vſage continuel, & general du ſigne de la Croix, eſt euident par pluſieurs
teſmoignages des anciens peres.

Tiercement il faut confeſſer que par progrez de temps
on a beaucoup abuſé du ſigne de la Croix en l'Egliſe
Romaine, principalement apres que la corruption de
la Papauté l'a vne fois occupée. Mais l'abus d'vne
choſe, n'oſte point le vray legitime vſage d'icelle,
voire meſme tant s'en faut que l'intention de l'Egliſe
des Anglois aye eſté de laiſſer & rejetter les Egliſes
d'Italie, de France, d'Eſpagnes, d'Allemagne, & autres ſemblables Egliſes en tout ce qu'elles ont tenu &
pratiqué, que l'Apologie de l'Egliſe d'Angleterre
confeſſe qu'elle retient auec toute reuerence les ceremonies qui n'apportent point de dōmage à l'Egliſe de
Dieu, & n'offencent point les penſées des hommes ſo-
bres, & que elle ne ſe ſepare point d'icelles, ſinon es
points particuliers eſquelles elles defaillent, & ſe de-
laiſſent ſoy-meſmes eſtans en leur premiere integri-
té, & les Egliſes des Apoſtres, qui ont eſté les premiers fondateurs: D'où vient que entre les autres fort
anciennes ceremonies, le ſigne de la Croix a eſté retenu au Bapteſme, tant par le jugement & pratique
de ces reuerens Peres, & grands Theologiens, du
temps d'Edouard ſixieſme, deſquels quelques vns ont
conſtamment ſouffert pour le teſmoignage de la verité, & autres eſtans bannis du temps de la Royne Marie, apres leur retour au commencement du regne de
noſtre derniere redoutable Princeſſe, l'ont deffendu
& en ont vſé.

Parce que vrayement l'vſage d'iceluy ſigne au Bapteſme a touſiours eſté adioinct auec ſi ſuffiſante aſſeurance

rance & exceptions contre toutes les superstitions &
erreurs des Papistes,qu'il est de besoin & conuenable
en semblable cas.

Premierement l'Eglise d'Angleterre de la premiere
abolition de la Papauté a tousfours tenu & enseigné,
& tient tousiours & enseigne, que le signe de la Croix,
duquel nous vsons au Baptesme, n'est point vne partie
de la substance & nature du Sacrement.

Car quand le Ministre plongeant l'enfant en l'eau,
ou bien luy mettant de l'eau sur la face, (comme est
la coustume) a prononcé ces paroles, *Ego te Baptiso,
in nomine Patris, & filij, & Spiritu sancti,* l'enfant est
parfaitement baptisé, de façon que le signe de la
Croix (si nous en vsons par apres) n'adiouste rien
à la perfection & vertu du Baptesme, & au contraire
s'il est obmis, n'oste rien de l'effet & substance d'i-
celuy.

Secondement il appert au liure de la communion,
que l'enfant baptizé par la vertu du Baptesme, auant
qu'il soit signé du signe de la croix, est receu en la
congregation du trouppeau de Christ comme par-
faict & entier membre d'iceluy, & non pas par quelque puissance attribuée au signe de la Croix. De façon que pour la memoire de la Croix, qui est de grand
prix, entre tous ceux qui bien & deuëment croient
en Iesus Christ, & pour autres causes memorées, l'E-
glise d'Angleterre a tousiours retenu l'vsage du signe
d'icelle au Baptesme, suiuant en cela les primitiues
& apostoliques Eglises, & estimants qu'iceluy est
vne legitime exterieure ceremonie, & vne honorable marque par laquelle l'enfant est dedié au seruice
de celuy qui est mort en croix, comme il se peut voir
aux parolles contenues au liure des communions.

Enfin l'vsage du signe de la Croix, au Baptesme,
ainsi purgé de toute supertition, & erreur papistique,

&

& reduit en l'Eglise d'Angleterre à sa premiere institution, de ces vrayes regles de doctrine, des choses
indifferentes qui sont conformes à la parolle de
Dieu, & au jugement de tous anciens Peres, nous
estimons qu'un chacun tant Ministres qu'autres, est
tenu, & doit retenir le vray vsage d'iceluy, qui en a
esté prescript & ordonné par authorité publique,
considerant que les choses qui en soyent indifferentes,
ne changent aucunement leur nature, quant elles sont
commandées, ou deffendues, par vn legitime Magi-
strat, & ne se peuuent obmettre au plaisir d'vn chacun contre la Loy estant commandées, ny peuuent
estre exercées estant defenduës.

CANON XXXI.

Les ordonnances, charges, & deuoirs des Ministres.

QVatre temps solemnels sont constituez pour
créer des Ministres, & ce seulement au Dimanche suiuant immediatement les 4. temps anciens ordonnez pour cela , auec jeusnes & prieres.

CANON XXXII.

QVe personne ne soit fait Diacre, & Ministre en
mesme jour, & ce auec l'ordre prescript au
liure de la consecration des Euesques, Prestres &
Diacres.

CANON XXXIII.

LEs tiltres de ceux qui doiuent estre faits Ministres, comme il a esté pourueu par plusieurs decrets des anciens Peres, prémierement de tiltre local,
& puis reelle, tant pour faire la fonction que pour
auoir dequoy viure.

CANON XXXIIII.

LA qualité de ceux qui doiuent estre faits Ministres ou Diacres, qu'ils ne soient admis d'vn Diocese à l'autre, sans dimissoire: & le Diacre de 13.
ans, le Prestre de 24. qu'ils ayent degré d'école & lettres testimoniales.

Canon

CANON XXXV.

L'Exament de ceux qui doiuent estre faits Ministres, assauoir pour les Ministres assistans à l'Euesque, & par l'Euesque mesme, s'il n'a legitime empeschement par son suffrageant. Et au cas que l'Euesque en receust sans exament, il sera deposé par l'Archeuesque, assisté d'vn Euesque.

CANON XXXVI.

Subscrition requise de ceux, qui doiuent estre faits Ministres.

PErsonne par cy apres ne sera receu Ministre ny sera admis à quelque benefice Ecclesiastique par institution ou collation, ny sera admis à prescher, cathechiser, ou estre lecteur, ou regent en Theologie, en l'vne ou l'autre Vniuersité, ou en quelque Eglise Cathedralle, ou Collegiale, en ville ou village, Eglise Parrochialle, ou Chappelle, ou en quelque autre lieu en ce Royaume, s'il n'a permission de l'Archeuesque ou Euesque du Diocese où il doit estre employé, sous leurs seings, ou seaux, ou de l'vne ou l'autre Vniuersité, & qu'il n'aye au preallable signé les articles qui s'ensuyuent en la forme & teneur icy prescripte.

Que la Majesté du Roy, prochainement & selon Dieu est seul supreme gouuerneur de ce Royaume, & de tous autres domaines, terres, & Seigneuries de son Altesse, tant és choses, & causes spirituelles, que temporelles, & que nul Prince estranger, personne, Prelat, estat, ou puissance, n'a ou ne doit auoir aucune iurisdiction, prééminence, ou authorité Ecclesiastique, ou spirituelle sur lesdits Royaumes, domaines, & terres.

Que le liure des prieres communes, & de l'institution des Euesques, Prestres, & Diacres, ne contient rien contre la parolle de Dieu, & qu'il s'en peut legitimement

gitimement feruir, & s'aydera de la forme prefcrite
en iceluy aux prieres publiques, & adminiftrations
des Sacremens, & non d'aucun autre.

Tiercement qu'il approuue le liure des articles de
Religion, defquels ont conuehu les Archeuefques,
& Euefques des deux Prouinces, & tout le Clergé,
& affemblée qui a efté tenuë à Londres, en l'année
1562. & qu'il reconnoit que tous les articles y contenus en nombres 39, outre la ratification, font conformes à la parole de Dieu.

Quiconque veut fouffigner ces articles, pour euiter
toute ambiguité fignera en ceft ordre & forme de
parolles, efcriuant tant le nom du Baptefme, que le
fur nom. Ie *N. N. fous figné volontairement, de cœur
& d'affection, les trois articles fufdits, & tous ceux qui
font contenus en iceux,* & fi quelque Euefque ordonne,
admet, ou permet à quelqu'vn, comme eft dict,
qu'il n'aye premierement fous-figné en la forme &
maniere fufdicte, comme nous auons icy prefcript,
il fera fufpendu de donner les ordres, & permiffion
de prefcher par l'efpace de douze mois: Mais fi quelqu'vne des Vniuerfirez faut en cela, nous le laiffons
au peril de la loy, & à la cenfure de fa Majefté.

Canon XXXVII.

LA fubfcription deuant le diocefain, encore qu'il
foit reçeu pour quelque diocefe, (ou y enuoyé)
il faut qu'il en prefte encore le ferment au diocefain.

Canon XXXVIII.

TV cenfureras ceux qui retomberont apres la fubfcription, par fufpenfion excommunication, &
depofition, au dedans de trois moys au plus.

Canon XXXIX.

ASfeurances pour l'inftitution des Miniftres aux
benefices, qui eft, d'apporter des refmoignages
de leurs bonne vie & bon deportement.

CANON XL.

SErment contre la simonie, quand quelqu'vn est
pourueu aux benefices. Ie jure n'en auoir rien
payé, contracté, ou promis directement ou indirecte-
ment, par moy mesme ou autre qui soit à ma connoissance, ou de mon consentement, & s'il se trouue
par cy apres, il a esté par autre sans ma cognoissance,
ny consentement, ainsi Dieu m'ayde par Iesus Christ.

CANON XLI.

PErmission pour tenir plusieurs benefices limitez
& residence enjoincte, ayant pris leurs degrez
des Maistres aux arts, & sous caution de resider &
prescher & enseigner le peuple.

CANON XLII.

LA residence des Doyens par certains temps en
leurs Eglises preschant la parolle, & gardant les
status, & coustumes de leurs Eglises, & les loix du
Royaume.

CANON XLIII.

LEs Doyens & prebendez, doiuent prescher durant le temps de leur residence: Et en cas de man-
quer, qu'ils soient punis par l'Euesque selon la qualité de l'offense.

CANON XLIIII.

LEs prebendez doiuent resider sur leurs benefices
sans en estre absents, plus d'vn mois, sinon pour
causes vrgentes.

CANON XLV.

LEs beneficiers predicateurs residens en leurs benefices doiuent prescher tous les Dimanches
(là où il n'y a point de prescheurs) diuiser sobrement
& sincerement la parole de verité pour la gloire de
Dieu, & l'edification du peuple, s'ils n'ont legitime
empeschement.

Canon

CANON XLVI.

LES beneficiers non predicateurs doiuent procurer des sermons de mois en mois, ou au moins de faire lire vne des homelies prescriptes selon la forme cy dessus.

CANON XLVII.

L'Absence des beneficiers doit estre suppleée par les Curez qui sont approuuez predicateurs. Où les beneficiers, auroient deux benefices, ils entretiendront vn prescheur en l'vn, & prescheront à l'autre.

CANON XLVIII.

PErsonne ne soit Curé sinon approuué par l'Euesque, en lettres signées de sa main & seellées, & ne sortiront d'vn Diocese à l'autre, sans auoir lettres testimoniales de leur vie, & des causes de leur depart, autrement ne seront receus.

CANON XLIX.

LEs Ministres qui ne sont point approuuez pour predicateurs, ne peuuent expliquer la parolle, és points de doctrine, mais liront seulement les homelies approuuées par l'authorité publique, sans glozer n'y adjouster à icelles.

CANON L.

QVe les estrangers ne soyent point appelez & admis pour prescher, qu'ils n'ayent monstré leur permission, & suffisante authorisation, comme deuant il a esté dit,

CANON LI.

QVe les estrangers ne soyent point admis pour prescher ez Eglises Cathedralles, sans suffisante auctorité. Et auec icelle ne prescheront aucun poinct discordant de la parolle de Dieu ny de la forme de Religion, & communes prieres accordées l'an 1562. dont l'Archeuesque & Euesque cognoistront.

CANON LII.

LEs noms des predicateurs estrangers doyuent estre nottez dans le liure, afin que les Euesques puissent entendre qui sont les prescheurs de leurs dioceses, à la diligence des Marguilliers, & Secretains des Eglises.

CANON LIII.

QV'il n'y aye aucune opposition publique entre les Predicateurs, afin de ne troubler le peuple par contradiction, & en ce cas l'Euesque leur defendra la chaire.

CANON LIIII.

LA licence des predicateurs qui ne se veulent point conformer, à la forme d'Angleterre, soit tenue & estimée nulle, apres en estre admonestez par l'Euesque & luy donnant l'espace d'vn mois pour y penser.

CANON LV.

La forme de prier que doiuent tenir les Predicateurs auant le sermon.

AVant tous sermons, lectures, & homelies, les predicateurs, & ministres esmouueront le peuple de se mettre en priere auec eux en ceste forme.

Vous prierez pour la sainte Eglise Catholique de Christ, c'est à dire, pour toute la congregation du peuple chrestien dispersé par tout le monde & principallement pour les Eglises d'Angleterre, Ecosse, & Irlande, & en cecy je vous requiers principallement de prier, pour la Majesté du Roy nostre Souuerain Seigneur, Iaques Roy d'Angleterre, Escosse, & Irlande, defenseur de la foy, & supreme gouuerneur en ses Royaumes, & tous autres ses territoires & prouinces sur toutes les personnes, & en toutes causes tant Ecclesiastiques que temporelles.

Vous prierez encore pour nostre gratieuse Royne

Anne, le noble Prince Henry, & pour tout le sang
Royal.

Vous prierez encore pour les Ministres de la saincte
parolle de Dieu & des Sacremens, tant Archeuesques, & Euesques qu'autres Pasteurs & Curez.

Vous prierez encore pour le tres honorable Conseil
du Roy, & pour toute la Noblesse, & tous Magistrats
de ce Royaume, que tous & chacun d'eux en sa vocation se gouuerne si bien & soigneusement, que tout
reusisse à la gloire de Dieu & à l'edification & bon
gouuernement du peuple, ayant souuenance du compte estroit qu'il faudra rendre deuant Dieu.

Vous prierez encore en general pour tout le commun de ce Royaume, qu'ils puissent viure en la vraye
foy & crainte de Dieu, en humble obeissance au
Roy, & en fraternelle charité les vns auec les autres.

Finalement nous rendrons graces à Dieu pour tous
ceux qui sont trespassez en la foy de Christ & prie-
rons Dieu, qu'il nous fasse la grace de si bien dresser
nostre vie à l'exemple d'iceux, qu'apres ceste vie pre-
sente, nous puissions estre capables auec eux de la re-
surrection glorieuse & de la vie eternelle, disant de-
uotement l'Oraison Dominicale.

CANON LVI.

LEs Predicateurs, & les lecteurs liront le diuin seruice, administreront les Sacremens deux fois l'année, au moins par deux Dimanches publiquement
& au temps accoustumé, auant none, & apres none,
tant le Baptesme, que le souper du Seigneur, auec les
ceremonies vsitées, sur peine de suspension.

CANON LVII.

LEs Sacremens ne doiuent estre refusez des mains
des Ministres qui ne preschent pas sur peine de
suspension, & apres vn mois d'excommunication, de
laquelle ils ne seront relaxés qu'apres auoir fait pro-

messe

meſſe de n'y plus re tourner à faire cette faute.

Canon LVIII.

LEs Miniſtres en liſant le diuin ſeruice, & adminiſtrant les Sacremens porteront le ſurplis, & les graduez porteront le chapperon ou le froc ou la colle.

Canon LIX.

LE deuoir des Miniſtres eſt, de catechiſer vne heure durant ou plus, les enfans, tous les Dimanches, à quoy y aſſiſteront les ſimples ſeruiteurs & ſeruantes, les peres & meres, maiſtres & maiſtreſſes, ſur peine de ſuſpenſion, & excommunication reſpectiuement.

Canon LX.

LA confirmation doit eſtre donnée par les Eueſques, vne fois dedans l'eſpace de trois années eſtant icelle de l'inſtitution Apoſtolique, & de l'vſage ancien de l'Egliſe.

Canon LXI.

LEs Miniſtres prepareront les enfans pour la confirmation, leur enſeignant à prier, à rendre compte de leur foy, & repondre ſuiuant le Catechiſme.

Canon LXII.

LEs Miniſtres ne peuuent marier perſonne ſans licence, ou ſans auoir fait bans par trois Dimanches, ou iours de feſtes, tandis que l'on fait le ſeruice diuin, en place publique non priuée, en preſence des parens, en aage de 2 1. an leſdits futurs conjoincts, & en la parroiſſe d'où ils ſont, non autrement, ſur peine aux miniſtres de priuation pour trois ans.

Canon LXIII.

LEs Miniſtres des Egliſes exemptes ne peuuent marier ſans licence, ou comme deſſus, ſar pareille peine, & s'ils s'en vont en autre pour euiter la peine, l'Eueſque d'vn lieu, à l'autre, ſous bon certificat les cenſurera de meſme.

Canon

CANON LXIIII.

LEs Ministres doiuent annoncer solemnellemēt les jours des festes, ou de jeusnes, & à faute de ce faire, seront censurés par mesme peine de suspension.

CANON LXV.

Les Ministres doiuent solemnellement denoncer les inobe-diens.

TOus les Ordinaires en leurs iurisdictions sepa-rées, pouruoiront & donneront ordre soigneuse-ment, que tant ceux qui refusent obstinément à fre-quenter le diuin seruiee, estably par l'authorité pu-blique dans ce Royaume d'Angleterre, que ceux en-core (principallement de qualité) qui pour contu-mace notoire ou pour autres offenses publicques, sont legitimement excommuniez (si dedans trois mois immediatement, apres ladite sentence d'excommuni-cation prononcée contre eux, ils ne se recognoissent, & se fassent absoudre) soient tous les trois mois en-suiuans, tant en leur Eglise parrochialle, qu'en l'Egli-se Cathedrale, du diocese où ils demeurent, par le Ministre publiquement au temps du diuin seruice le iour du Dimanche, denoncez & declarez excommu-niez: & que les autres soient aduertis de s'abstenir de leur compagnie & societé, & excitez plustost de pro-curer vn arrest *de excommunicato capiendo*, pour les reduire à l'obeissance, & ordre requis, Pareillement les Greffiers, de toutes les Cours Ecclesiastiques, tous les ans entre les festes de S. Michel & Noël, don-neront vn certificat à l'Archeuesque de la prouince, de tout ce qui est cy dessus.

CANON LXVI.

Les ministres doivent conferer auec les Recusans ou Con-tredisans.

CHacun ministre estant Predicateur , & ayant quelques recusans Papistes en sa parroisse ayant
esté

esté trouué suffisant par l'Euesque doit disputer soigneusement auec eux de jour en iour, pour les reduire
de leurs erreurs: & en cas qu'il ne soit Predicateur,
alors il taschera de trouuer des Predicateurs qualifiez
pour conferer auec eux au mesme propos. Que s'il
n'en peut trouuer, alors il informera & aduertira l'E-
uesque de l'affaire, lequel non seulement ordonnera
quelque Predicateur ou Predicateurs pour cette affaire, mais luy mesme selon sa commodité, fera son deuoir par instructions, persuasions, & tous autres bons
moyens qu'ils pourra trouuer, de conuertir tant iceux
que tous semblables qui se trouueront dans son Diocese.

CANON LXVII.

LEs Ministres doiuent visiter les malades, moyen-
nant qu'il en soit aduerti, & que ce ne soit maladie dangereuse, pour luy assister en sa destresse selon
le liure de la communion.

CANON LXVIII.

LEs Ministres ne refuseront de baptizer, & d'ense-
uelir les morts, sur peine de suspension pour trois
mois, sinon que lesdictes personnes fussent excom-
muniées pour quelque grand crime.

CANON LXIX.

LEs Ministres ne differeront le Baptesme de l'enfant estant en danger, sur pareille peine que
dessus.

CANON LXX.

LEs Ministres feront vn registre des Baptesmes,
mariages, & enterremens, qui sera gardé sous
trois serreures, & trois clefs, dont sera baillé coppie
à l'Evesque par chacun an.

CANON LXXI.

LEs Ministres ne peuuent prescher ou administrer
la communion, aux maisons particulieres, sinon

en

en temps de neceſſité, ou en cas de maladie, qui em-
peſchaſt d'aller à l'Egliſe, n'entendant point que les
Chappelles & oratoires, ſoyent maiſons priuées les
iours de Dimanches, & les feſtes: à la charge que les
Maiſtres & Seigneurs auec leur famille, en autre
temps, aillent à leurs Egliſes de paroiſſe, & y communient vne fois par chacun an.

CANON LXXII.

Les Miniſtres n'ordonneront point cenſures publiques, ou
particulieres, ny propheties ou exorciſmes, mais le tout
auec authorité.

NVl Miniſtre ou Miniſtres ne fera ſans la licéce &
direction de l'Eueſque du dioceſe premierement
obtenuë & deliurée ſous ſa main & ſeau, pour ordonner ou faire aucun jeuſne ſolemnel ſoit publiquement, ou en aucune maiſon priuée, autre que ſelon
qu'il eſt par la loy, ou par publique authorité, ſoit
pour eſtre appointée: ny ſera auſſi volontairement
preſent à aucun d'iceux jeunes ſur peine de ſuſpenſion; pour la premiere faute, & d'excommunication
pour la ſeconde, & depoſition de Miniſtere pour la
troiſieſme: Ny encore aucun Miniſtre ne ſera licen-
tié, comme il eſt cy deuant dit, de preſumer d'ordonner, ou tenir aucuns moyens par ſermons com-
munément terminés par quelques prophettes, ou exorciſmes, és carrefours de marché ou autres places,
ſur leſdites peines, ny ſans pareille licence, à attenter
ſur aucune entrepriſe quelconque elle ſoit, de poſſeſ-
ſion, ou d'obſeſſion, par jeuſnes ou prieres pour
chaſſer aucun Diable ou Diables, ſur peine d'imputation d'impoſture ou ſorcellerie, ou depoſition du
Miniſtere.

CANON LXXIII.

LEs Miniſtres ne tiendront aſſemblées particulieres, ains leur ſera reputé attentât enuers l'eſtat de

l'Eglife où il demeure, & contre l'eftabliffement ordonné en Angleterre fur peine d'excommunication.

Canon LXXIIII.

LA modeftie és accouftremens eft enioincte aux
Miniftres, en forte que la dignité de la perfonne
en foit refpectable, fans eftoffe ny eftoffure indecen-
te.

Canon LXXV.

LA fobrieté eft requife en la conuerfation des
Miniftres, & leur eft deffendu d'aller aux tauer-
nes & hoftelleries, ny fe fous-mettre à feruice def-
honnefte, mais qu'ils vacquent aux eftudes fainctes &
humaines.

Canon LXXVI.

LEs Miniftres ne doiuent jamais abandonner leur
vocation, & ce fur peine d'excommunication,
& feront mis en catalogue ceux qui l'auront delaif-
fée.

Canon LXXVII.
Maiftres d'Efcolle.

PErfonne ne peut enfeigner les enfans fans permiffion, eftans examinez par l'Euefqué ou l'Ordinaire du lieu, fur leur doctrine & dexterité d'enfeigner, enfemble fur le fait de leur Religion.

Canon LXXVIII.

LEs Curez ayans defir d'enfeigner, doiuent obtenir permiffion auffi bien que les autres; fi ce n'eft
és lieux où eft l'efchole publique.

Canon LXXIX.

LE deuoir de ceux qui enfeignent les enfans, qui
eft tant en Anglois, qu'en Latin, au Catechifme,
eft de les mener au fermon, & les tenir en deuoir de
modeftie & en toute pieté.

Canon

CANON LXXX.
Touchant les Eglises.

LA grande Bible & le liure des Prieres communes seront mises en toutes les Eglises, sous l'auhorité du Roy, & comme il est exposé par les loix, aux despens desdictes Eglises.

CANON LXXXI.

UN fond de pierre, sera ordonné pour le Baptesme en toutes les Eglises, & places anciennes & visitées.

CANON LXXXII.

UNe table seante & propre pour la commnion en toutes les Eglises couuerte d'vn drap de soye & au temps de la communion d'vn linge net.

CANON LXXXIII.

VN pupitre sera mis en chacune des Eglises aux frais communs des paroissiens.

CANON LXXXIIII.

VN tronc pour les ausmones, en toutes les Eglises, qui soit à trois serrures & clefs, dont le Curé en aura l'vne; & les deux autres seront en la garde des Marguilliers, auquel tronc on mettra les aumosnes, & legs testamentaires pour estre distribuez aux pauures voisins de trois mois en trois mois publiquement.

CANON LXXXV.

DEs reparations suffisantes pour les Eglises, il y aura place en laquelle on mettra des gardes, & bancs où seront les excommuniez, & non dans l'Eglise.

CANON LXXXVI.

LEs Eglises doiuent estre reueües, & visitées & leurs ruines certifiées aux Supremes Commissaires qui d'office contraindront ceux qui defaudront à leur deuoir, à ce qu'ils obeissent aux decrets Ecclesiastiq es.

 Canon

Canon LXXXVII.

UN terrier fera fait des poffeſſions de l'Egliſe, & des terres appartenantes aux benefices, & fera mis en regiſtre, entre les mains de l'Eueſque, afin qu'il ſoit gardé en perpetuelle memoire.

Canon LXXXVIII.

LEs Egliſes ne doiuent eſtre prophanes, ou pro- phanées, par feſtins, banquets, ny autres aſſem- blées de courtoiſies entre les hommes.

Canon LXXXIX.

Marguilliers ou leurs coadiuteurs & aſſiſtans.

L'Election des Marguilliers, fera faite du conſente- ment du Curé, & des paroiſſiens, ſçauoir eſt, le Curé en nommera vn, & les parroiſſiens vn autre, & ne feront qu'vn an, & de trois mois en trois rendront leurs comptes deuant le peuple.

Canon LXXXX.

L'Election des coadjuteurs & aſſiſtans des Mar- guilliers, & leurs offices qui eſt de faire diligen- ce que tous les Paroiſſiens faſſent deuoir de venir au feruice, & ny faillir, ſinon en cas de leur abſence qu'il y ait cauſe vrgente.

Canon LXXXXI.

LEs Clercs des parroiſſes, doiuent eſtre eſleus par les Miniſtres qui ſçachent lire, & eſcire & chan- ter, tant de la Cité de Londres, que de la prouince de chantorbye, auſquels les gages feront payés par les Ma guilliers, de leurs mains ainſi qu'il eſt accouſtu- mé.

Canon LXXXXII.

Les Cours Eccleſiaſtiques appartenantes à la juriſdiction de l'Archeueſque.

PErſonne ne fera cité, ou adjourné à comparoir en pluſieurs Cours, pour l'approbation d'vn meſme eſtament.

Canon LXXXXIII.

TOuchant les biens saisis des morts annotables, il n'en sera faict action, qu'en la Cour prerogatiue de la residence du mort.

Canon LXXXXIIII.

PErsonne ne sera cité, ou adjourné à la Cour de l'Archeuesque, ou à l'audience, sinon ceux qui demeurent au diocese de l'Archeuesque, ou en quelques cas particuliers, & reseruez.

Canon XXXXV.

VNe restriction des querelles pour l'institution, & presentation des Ministres, qui se vuideront au dedans de deux mois par chacun Euesqne.

Canon LXXXXVI.

INhibitions ne seront permises sans la subcrition d'vn Aduocat enuers les Cours Ecclesiastiques, afin que leur jurisdiction demeure en son entier.

Canon LXXXXVII.

LEs inhibitions ne seront permises iusques à ce que l'appellation aye esté presentée aux Iuges.

Canon LXXXXVIII.

LA punition des Iuges qui faillent aux choses susdictes, qui est de suspension de leurs charges.

Canon LXXXXIX.

PErsonne ne sera marié dedans les degrez defendus, à peine d'estre declarés incestueux.

Canon C.

PErsonne ne sera marié auant l'aage de vingt ans, sans le consentement de ses parens.

Canon CI.

PAr quelle authorité sera donnée permission de se marier sans bans, & à quelles sortes de personnes & auec caution suffisante pour seureté.

Canon CII.

ON prendra caution en donnant telle licence & sur quelques conditions.

Canon

CANON CIII.

ON prendra les sermens pour les conditions.

CANON CIIII.

VNe exception pour ceux qui sont en vefuage, que ce soit auec le consentement des parens.

CANON CV.

NVlle sentence de diuorce ne peut estre renduë sur la seule confession des parties.

CANON CVI.

NVlle sentence de diuorce ou de nullité de Mariage ne peut estre rendue, sinon en pleine Cour.

CANON CVII.

EN toutes les sentences de diuorce, on prendra asseurance de ne se marier durant la vie de chacune des parties, ains viure en chasteté, & continence.

CANON CVIII.

LEs sieges, ou Cours Ecclesiastiques qui appartiennent à la iurisdiction des Euesques, & Archidiacres, & la maniere de proceder en icelles.

CANON CIX.

LEs offences & scandales publics, doiuent estre certifiez aux Cours Ecclesiastiques par voye de presentation ou accusation.

CANON CX.

LEs Scismatiques doiuent estre presentez, de mesmes que les precedens, sçauoir est par accusation.

CANON CXI.

CEux qui empeschent le diuin seruice seront presentés & deferez en la mesme façon.

CANON CXII.

CEux qui ne communient point à Pasques seront presentez.

Canon

Canon CXIII.

Les Ministres peuuent presenter.

PArce qu'il suruient souuentes fois que les Marguilliers & leurs assistans & semblables personnes seculieres, ausquelles il appartient d'auoir soin de supprimer le vice en leurs particulieres parroisses, autant qu'ils le peuuent auec des admonitions, reprehentions, & denonciations à leurs ordinaires, sont paresseúx de faire leur deuoir en cela; ou pour crainte de leur superieur ou par negligence: Nous considerans la dissolution du temps, ordonnons que doresnauant chacune personnes & Vicaire, ou en l'absence legitime de quelque personne, Vicaire, les Curez & substituts se puissent joindre en toutes les presentations, auec les Marguiliers, & leurs assistans, & autres susdits en tous temps cy apres limitez, au cas que les Marguilliers, & les autres, presentent les énormitez apparentes, commises dedans leur parroisse, mais au cas qu'ils ne vueillent pas, alors toutes telles personnes, & Vicaires, ou en leur absence, comme deuant dit est, les Curez pourront eux mesmes presenter à leur Ordinaire à tel temps, ou autrement quand ils le trouueront plus propre; toutes telles offences qu'ils ont en charge, ou autrement, comme estans personnes, qui ont ce principal soin pour dompter le vice & meschanceté en leurs parroisses.

Toutesfois nonobstant cela, s'il y a quelqu'vn qui vueille confesser ses pechez secrets au Ministre pour la descharge de sa conscience, & pour receuoir consolation spirituelle, & repos de son esprit, nous n'obligeons point tousiours ledict Ministre, à cette nostre constitution, mais nous luy enchargeons & admonestons ledict Ministre qu'il ne releue iamais ny fasse cognoistre à personne que ce soit quelque crime, ou offence ainsi commis à sa foy excepté les vices & crimes

mes

mes lefquels eſtans celez, par les loix du Royaume,
pourroient mettre la vie du Miniſtre, en danger, ou
queſtion pour les auoir cachez, ſur peine d'irregula-
rité.

CANON CXIIII.

Les Miniſtres feront preſentation des recuſans Papiſtes.

CHacune perſonne Vicaire ou Curé s'informe-
ront ſoigneuſement d'oreſnauant tous les ans,
combien il y a de Papiſtes recuſans hommes ou femmes, & enfans, qui ont plus de 13. ans, & combien
il y en a d'enclinez au papiſme (leſquels encore qu'ils
viennent aux Egliſes, neantmoins refuſent de communier) habitans ou faiſans reſidence, ou comme
ſeiournans, ou comme hoſtes, dedans leurs paroiſſes particulieres, & mettront par eſcrit leurs vrais
noms, s'ils les peuuent ſçauoir, ou autrement tels
noms dont iceux ſe font appeller pour ce temps, faiſans diſtinction de recuſans abſolus, & de celuy qui
eſt à demy, & cela entant que ſçauoir ou croire peuuent ſous ſigner de leurs mains, preſenteront vrayement à leurs Ordinaires, auant la feſte de Noël prochain ſur peine de ſuspenſion qui leur ſera inffligée
par leur Ordinaire, & ainſi par apres tous les ans ſur
la meſme peine, auant la feſte de S. Iean.

Nous ordonnons encore que tous tels Ordinaires,
Chanceliers, Commiſſaires, Archidiacres, Offici-
aux, & tous autres officiers Eccleſiaſtiques, auſquels
leſdictes preſentations auront eſté faites ſemblablement dedans vn mois apres qu'ils les auront receües,
ſur peine de ſuspenſion, par les Eueſques, de l'execution de leurs offices, pour l'eſpace de ſix mois, autant
de fois qu'ils feront tel defaut, les preſenteront ou
feront preſenter aux Eueſques reſpectiuement, leſquels les preſenteront à l'Archeueſque dedans ſix
mois, & l'Archeueſque à ſa Majeſté dedans ſix autres
mois,

mois apres qu'ils auront receu telles presentations.

CANON CXV.

ON n'intentera point de procez contre les Ministres & Marguilliers pour leurs denonciations, attendu que ce qu'ils en font n'est point par malice, mais pour descharger leurs consciences.

CANON CXVI.

LEs Marguilliers ne seront repris ou empeschez de denoncer plus de deux fois l'année sinon en cas de la visitation de l'Euesque.

CANON CXVII.

LEs Marguilliers ne seront tenus à denoncer plus de deux fois l'année encore que les fautes soyent punissables par les loix Ecclesiastiques.

CANON CXVIII.

LEs anciens Marguilliers seront obligez à denoncer auant que les nouueaux soyent jurez dont l'election sera faite chacune année apres Pasques ordinairement.

CANON CXIX.

IL faut assigner temps conuenable pour former les denonciations, dont auparauant les Marguilliers presteront le serment.

CANON CXX.

PErsonne ne sera cité aux sieges ou Cours Ecclesiastiques pour le procez appellé.

Quorum nomina.

C'est une espece d'examen comme les anciens Romains en usoient envers leurs Magistrats, ou de reuocation.

CANON CXXI.

PErsonne ne sera cité à diuerses Cours, pour vn mesme crime, pour euiter la vexation des personnes & de la confusion des jurisdictions.

Canon CXXII.

Nulle sentence de priuation ou deposition sera prononcée contre aucun Ministre, sinon par les Euesques, auec l'assistance de leur Chancelier, Archidiacres, & Chanoines des Eglises Cathedrales.

Canon CXXIII.

Nul acte de procez ne sera expedié sinon en pleine Cour, sur peine de suspension.

Canon CXXIIII.

Nulle Cour ou siege n'aura plus d'vn sçeau, contenant le tiltre de la iurisdicton où elle se doit faire.

Canon CXXV.

Lieux conuenables seront ordonnez pour tenir lesdictes Cours, & semblablement le temps prefix, conuenable pour le seruice.

Canon CXXVI.

Les Cours inferieures & particulieres seront tenues d'exhiber aux registres des Euesques, les copies originalles des testaments.

Iuges Ecclesiastiques & leurs subrogeez.

Canon CXXVII.

La qualité & serment des Iuges, qui est 26. ans au moins, & soit instruict és loix Ciuiles & Ecclesiastiques, & au moins soit nay aux arts, ou Maistre Bachelier aux loix, de bonne vie, & soubs signe les loix de 1562.

Canon CXXVIII.

La qualité des subrogeez, esquels semblable seront graduez comme dessus, ou prescheurs licenciez publiquement.

Procureurs.

Canon CXXIX.

Les Procureurs ne retiendront les causes sans assignation legitime des parties sur peine de priuation pour deux mois.

Canon

Canon CXXX.

PRocureurs ne doiuent retenir les causes sans le conseil d'vn Avocat, à peine de priuation de leurs offices.

Canon CXXXI.

LEs Procureurs ne doiuent conclure quelque cause sans le sceu de l'Aduocat sur peine d'estre priuez de pratiquer par l'espace de six mois.

Canon CXXXII.

LE Serment dict, & appellé, *In animam Domini sui est*, deffendu aux Procureurs és preuues des testamens, & aux procés qui sont pour l'administration des biens des personnes qui decedent sans tester.

Canon CXXXIII.

LEs Procureurs ne feront point de bruit aux sieges sur peine dans la seconde fois d'estre priuez de leurs pratiques.

Registres.

Canon CXXXIIII.

LEs abus qui doiuent estre reformez aux registres, que ce ne soit par surprise & sans ordonnance des Iuges, sur peine de priuation.

Canon CXXXV.

VNe certaine taxe du salaire des offices Ecclesiastiques, qui sera faite selon les loix du Royaume.

Canon CXXXVI.

VNe certaine table de ces taxes doit estre mise aux Cours & Greffes.

Canon CXXXVII.

LEs salaires & taxes, pour obtenir les lettres des ordres, & autres licences ne se doit payer qu'vne fois en la vie de l'Euesque.

Canon

Canon CXXXVIII.

LE nombre des appariteurs doit estre restraint à l'estat qui en estoit trois ans auant la publication des presens Canons Ecclesiastiques.

Auctorité des Synodes.

Canon CXXXIX.

QVi doresnauant affirmera que le sacré synode de ceste nation, assemblé au nom de Christ, & par l'authorité du Roy, nest pas la vraye Eglise d'Angleterre par representation, soit excommunié, & ne soit restitué & absous sinon apres s'en estre repenty, & auoir reuoqué publiquement ceste impie erreur.

Synodes obligent tant les absens que les presens.

Canon CXL.

QVi affirmera que ceux (soient Lays ou Ecclesiastiques) qui n'ont assisté personnellement audict sacré Synode, ne sont pas sujets aux decrets d'iceluy Synode, és causes Ecclesiastiques (faites & ratifiées par la supreme auctorité de la Majesté du Roy) comme n'ayants donné leurs voix & suffrages, soient excommuniez sanseestre restituez, & absous jusques à ce qu'ils en soyent repentans & reuoquent cette impie erreur.

Les deprauateurs des Synodes soient censurez.

Canon CXLI.

QVi doresnauant affirmera que le sacré Synode assemblé (comme par cy-deuant a fait une certaine compagnie de personnes, qui ont conspiré ensemble contre les pieux, & religieux professeurs de l'Euangile) tant luy que sa façon de proceder à faire des Canons & constitutions aux causes Ecclesiastiques par l'authorité du Roy comme par auant dit est, doiuent estre mesprisez apres auoir esté ratifiez, confirmez & commandez par le Royal pouuoir, superiorité, & autorité fera restitué ou absous, jusques apres avoir auoir esté repentant, & publiquement reuoqué ceste impie erreur.

L'Ordonnance du Roy sur tout ce que dessus.

NOus de nostre Royalle inclination & soin que nous auons de maintenir le present estat & gouuernement de l'Eglise d'Angleterre, par les loix de cestuy nostre Royaume, maintenant establi, & confirmés, ayans diligemment & auec grand contentement & consolation leu & consideré tous ces Canons, ordres, constitutions & ordonnances, qui ont esté accordées, comme il a esté auparauant exprimé, & les trouuant tels que nous sommes d'opinion qu'ils seront profitables non seulement à tout le Clergé, mais à toute l'Eglise de nostre dit Royaume & à tous les vrays membres d'icelle, s'ils sont bien obseruez.

Nous auons doncques pour nous, nos heritiers & legitimes successeurs, de nostre specialle grace, certaine science & meure motion, donné & par ces presentes donnons nostre Royal consentement, selon la forme d'iceux statuts ou articles du Parlement susdit à tous & chacun desdits Canons, ordres, ordonnances, & constitutions, & à toutes & chacunes des choses y contenues: Et d'auantage par nostredicte prerogatiue Royalle & supreme authorité es causes Ecclesiastiques, nous ne ratifions seulement, confirmons, & establissons par ces nos lettres patentes lesdits Canons, ordres, ordonnances, & constitutions, & toutes & chacunes des choses en iceux contenues, comme est dit auparauant, Mais encores les proposons, publions, & estroictement enioignons & commandons de nostre dicte authorité, & par ces nos lettres patentes, que les mesmes soient soigneusement obseruez, executez, & egallement tenus par tous nos bien aimez suiets de ce Royaume dans les deux prouinces de Cantorbye, & York, en tous

points

points esquels ils touchent, ou peuuent toucher chacun d'iceux, selon nostre volonté & plaisir exprimé
& signifié par ces lettres.

Et pareillement pour meilleure obseruation d'iceux,
tous les Ministres de quelque nom ou qualité qu'ils
soient, liront, & publieront, dans la Chappelle ou
Eglise parrochialle, où ils auront charge, vne fois
tous les ans, à vn iour de Dimanche ou en quelque
feste, apres disner deuant le diuin seruice, tous lesdits
Canons, ordres, ordonnances, & constitutions, les
diuisans en telle sorte, qu'ils en lisent la moitié en vn
iour, & l'autre moitié en vn autre. Le liure desdits
Canons, sera achepté aux despens de la parroisse, entre ce present temps, & la feste de la Natiuité prochainement ensuyvant. Donnans charge, & com-
mandant estroittement à tous Archeuesques, & Euesques, & autres qui font exercice de quelque iurisdiction Ecclesiastique, dedans ce Royaume, chacun en
sa place voir & procurer (autant que faire le pourront) que tous & chacun lesdits articles, Canons,
ordres, ordonnances, & constitutions soient en tous
points, bien & deuement obseruez, ne s'espargnans
en l'execution des punitions en iceux, particulierement touchez enuers personne telle qu'elle soit, que
volontairement & sciemment les violera, & neglige-
ra de les garder, comme ils ont en recommandation
l'honneur de Dieu, la paix de l'Eglise, la tranquilité
du Royaume, & leurs deuoirs enuers nous leur Roy
& souuerain Seigneur, en tesmoin dequoy Nous
auons fait apposer à ce nos Lettres patentes, le grand
sceau d'Angleterre.

A LA TRES EXCELLENTE
Majesté du Roy.

La tres-humble requeste de vingt deux Predicateurs & Ministres en Londres & ez faux bourgs de Londres.

ESTIMEZ nous digne (tref-gracieux Souuerain) de vos favorables & pitoyables oreilles, à la tres humble requeste de plusieurs de vos sujets affligés Predicateurs de l'Euangile maintenant pressés au nom de vostre Majesté, pour comparoistre par subcrition & pratique aux cinq diuers liures, auec certaines cerimonies en iceux prescriptes. Si on nous auoit commandé au nom de vostre Maiesté, quelque chose laquelle peust estre faite sans l'offence de la plus haute Maiesté, il n'y a personne parmy nous qui ne se conformast de bon gré à cela, bien que ce seroit auec la perte de tous ses biens & de la vie mesme. Mais estant d'opinion, & persuasion que lesdictes cerimonies, & plusieurs autres choses dedans lesdits liures, sont repugnantes à la parole de Dieu; Nous prions treshumblement vostre Altesse, de tollerer & dispenser vn peu auec nos consciences en cela principalement, veu que iusqu'à ceste heure á nous ny à nos exceptions (la coppie desquelles nous auons preste à monstrer) l'on n'a point fait aucune responce, ny satisfaction, ny pas vne raison suffisante n'a esté donnée selon l'edict de vostre Maiesté, de prouuer l'authorité & legitimation des cerimonies imposées. On nous a dit, & le croyons, que vostre Maieste a dit souuentes fois que si nous pouuons monstrer les choses requises, estre illicites, qu'alors vostre Maiesté ne les vouloit imposer, & en cas que nous ne puissions point, par l'euidence de l'escriture sainte prouuer cela, nous nous

rendrions

rendrions promptement suiets à la conformité requise.

Cependant ne desplaise à voftre Royalle sapience
considerer, que combien que ces chofes n'ont point
efté abolies, par authorité: neantmoins elles n'ont eu
jamais poffeffion paifible, en cette Eglife, fus l'Euangile, depuis l'abolition de la Papauté, & que la noftre
feu gratieufe Royne, de bien heureufe memoire, à la
tres-humble requefte, de la communauté en Parlement, auoit signifié que telle eftoit fa volonté & plai-
fir, ce qui eft encore gardé parmy les records.

Que nuls prefcheurs, ou Miniftres ne doiuent eftre
prejugés, adjournés, ou autrement moleftés pour les
rites & cerimonies, en queftion, comme le jugement,
& opinion eft prefque de tous les miniftres, qui refident fur leurs benefices, en ce Royaume, & qui ont
plus trauaillé, & contrarié à ces cerimonies, qu'elles
ont efté def-vfées & difcontinuées, en plufieurs lieux
& places: & maintenant, & à cette heure mefme,
tout le peuple, par tout a efté defgouté d'icelles generallement, & ceux principallement qui font plus
gens de bien, & de reputation, comme il a efté decla-
ré en plufieurs Parlements du temps paffé, & encore
en ce dernier Parlement.

Au regard dequoy nous supplions tres-humblement
voftre Maiefté d'ofter ce fardeau de nos confciences,
& nous eftimez dignes de la continuation de noftre
Miniftere, au moins jufques à tant que les ignorans &
fcandaleux Miniftres chaffez, & les non refidens reformez, & toutes les Eglifes de ce Royaume pour-
ueuës d'habiles & pieux Predicateurs qui refident fur
leurs benefices, afin que le papifme & l'ateifme ne
preualent point contre nous à la fubuerfion de cefte
fameufe Eglife & Republique. Nous efperons affeu-
rement que voftre Majefté ne nous niera cela, voyant

que

que nous sommes seruiteurs du mesme Dieu, & Predicateurs de la mesme foy, de laquelle vostre Maiesté
est professeur & deffenseur. Nous auons tousiours
sincerement auec tout nostre pouuoir, aduancé vostre
iuste & legitime droit en ce Royaume, nous sommes
aduersaires à ceux qui sont vos ennemis, tant à nostre
ame, qu'au corps, souueraineté & Royaume. Nous
estions nourris, & auons pris degrez aux vniuersitez.
Nous sommes pour la plus part deuenus tout gris au
seruice de Dieu & de l'Eglise, & ayans presché l'E-
uangile, aucuns de nous dix ans, autres vingt, autres
trente, autres plus, & plusieurs de nous ayant hazar-
dé leurs vies en preschant durant le temps de ceste
derniere contagion. Et quand à nostre nombre, il
n'est si petit (comme on pretend) pour ne rien dire
de nos confreres qui s'y sont conformez auec grand
regret & fascherie de cœur. Nous auons femmes &
enfans, parens & amis qui dependent de nous, lesquels sont tous perdus, en cas que nous soyons chassez de nos places : Dieu ne vueille qu'il soit iamais
dit ou escrit au temps aduenir, qu'aux iours d'vn
Roy si docte & religieux tant de doctes & soigneux
Prescheurs & Predicateurs ont esté chassez dehors,
comme sel sans saueur ou goust: Et pour auoir refu-
sé une telle subscription qui en nul aage de l'Eglise
n'a esté iamais pressée, & plus que les loix le requie-
rent, & pour non auoir vsé de telles ceremonies, lesquelles ne sont profitables à pas vn, ny au Prince, ny
aux suiects. Et pour parler simplement & modeste-
ment ont esté, & continuent tousiours d'estre souillez
auec l'idolatrie: Et cependant tant de ministres muets,
scandaleux & non residens qui sont la honte &
ruine de l'Eglise de Dieu sont maintenus en leurs places.

Que tant de Ministres doctes & entr'eux quelques

vns fort aagez ont esté exposez à telle reproche &
misere, comme ny les scandaleux & Ministres muets
n'agueres, ny les Moynes, Freres & Nonnaines n'ont
esté au temps passé.

Pleust a Dieu que vostre Majesté sceust seulement
le reproche, auquel nous sommes de là tombez &
auec nous le mesme euangile que nous auons presché
l'outrage des Papistes personnes prophanes, le courage qu'on a osté aux ieunes écholiers, le cry pitoya-
ble de plusieurs milliers de vos tres fidelles subiects
par tout le Royaume, & principalement à la chambre de vostre Maiesté, & en vostre fameuse ville de
Londres.

Si vostre Maiesté, peut voir & ouyr seulement ces
tres-miserables effects, nous sommes d'opinion que
vostre cœur Royal & plein de compassion ne le pourroit souffrir.

Mais vostre Maiesté est vn Ange de Dieu, & sçait
discerner plus qu'il n'est conuenable que nous disions
à cette heure : & pourtant nous departans de passer
plus outre en cette affaire, nous nous iettons humblement aux pieds de vostre Maiesté pour la continuation de nostre Ministere, à la gloire de Dieu & salua-
tion de son peuple, comme nous prions Dieu iour-
nellement de benir vostre Maiesté & vostre posterité
pour tousiours.

F I N.

www.ingramcontent.com/pod-product-compliance
Lightning Source LLC
LaVergne TN
LVHW050845200726
843507LV00001B/431